Plattdeutsch für Zugereiste

Reinhard Goltz / Peter Nissen

Plattdeutsch für Zugereiste

Ein humoriger Sprachführer
der WELLE NORD

Herausgegeben von Jürgen Hingst

Zeichnungen
Wolfgang Christophersen

ISBN 3-8042-0481-3

Herstellung Boyens Offset, Heide
Printed in Germany

Vorwort

Von Jürgen Hingst

Plattdeutsch für Zugereiste – und für solche, die schon 'n büschen länger hier sind ... Ein Sprachkurs für alle also. Das war die Idee, mit der die WELLE NORD sich an ihre Hörer wandte. Ein Versuch zunächst – und dann ein Erfolg.

Ein Wortkurs sollte entwickelt werden, kein eigentlicher Sprachkurs. Plattdeutsche Wörter und Redewendungen gilt es, zu Gehör zu bringen, keine grammatischen Regelkünste. Nur so läßt sich heute in einem attraktiven Mehrheitsprogramm des Rundfunks Sprache und das Interesse daran vermitteln. Hinzu kommt: Plattdeutsch verfügt über eine große Zahl von einprägsamen Bildern, Vergleichen und Umschreibungen. „He hett Rotten op'n Böhn" etwa für jemanden, der nicht ganz richtig im Kopf ist; ein Beispiel von vielen.

Die beiden Autoren Reinhard Goltz und Peter

Vorwort

Nissen erkannten den Reiz, die niederdeutsche Sprache nicht zwischen Buchdeckeln oder Aktenordnern versauern zu lassen, sondern listig, lustig und manchmal auch derb wieder auf die Beine zu stellen. Kleine Spielhandlungen haben sie erfunden. Szenen „die das Leben schreibt", in denen sich das gesamte Personal niederdeutschen Witzes, alltäglicher Gleichmut oder norddeutscher Behäbigkeit unverbraucht wiederfindet. Schon das allein ist – Sie werden es beim Lesen selber merken – ein Genuß.

Zum Ohrenschmaus allerdings wird das Ganze erst durch das Radio oder besser: durch die beiden Sprecher. Auf die müssen Sie als Leser verzichten, als Hörer aber ganz und gar nicht! Konrad Hansen, Ex-Intendant vom Hamburger Ohnsorg-Theater, einfallsreicher Stückeschreiber und langjähriger Hörfunkmacher, versteht es, süffisant und leicht ironisch, immer aber korrekt den hochdeutschen Part zu lesen. Und für das Plattdütsche hebbt wie een Buern: Peter Brix ut Steinberghaff in Angeln. Landwirt im Hauptberuf und nebenbei ein ausgesprochen begabter Schauspieler an der Niederdeutschen Bühne der Stadt Flensburg.

Schon bei der Konzeption der NDR-Landesprogramme war klar, daß Platt in möglichst vielseitiger Form darin vorkommen soll. Die WELLE NORD hat das auch verwirklicht. Da gibt es zum einen die über viele Jahre hinweg schon beliebte

Vorwort

Serie „Hör mal 'n beten to", da gibt es sonntags die Sendung „Plattdütsch Bökerschapp" und montags das Niederdeutsche Hörspiel. Dies sind sozusagen die „Klassiker" im Programm. Wenn Platt aber wirklich ernst genommen werden will als lebendige gesprochene Sprache, dann muß es heraus aus den zugewiesenen Nischen und Reservaten; dann muß eine kurze plattdeutsche Theaterrezension, eine Glosse, ein Kommentar im Vormittagsprogramm genauso möglich sein, wie eine „große" Stundensendung über die Wechselfälle der niederdeutschen Literatur im Abendprogramm.

Hier erschließt der Wortkurs „Plattdeutsch für Zugereiste..." neue Möglichkeiten. Er läßt nämlich die nicht draußen, die noch nicht drinnen sind im plattdeutschen System. Gemeint sind die Zugereisten, die Hochdeutschen also oder die „Quiddjes", wie man sie auch nennt. Sie können sich so ein bißchen einhören in den herben Charme ihrer neuen norddeutschen Nachbarn. Daß sie sich auch einlesen können, das soll ihnen nun dieses kleine Buch erleichtern.

Und die Hiesigen, all die, die schon 'n büschen wat länger hier sind? Was ist mit denen? Die werden sicher ihren Spaß haben am Buch, und sie werden sich manchmal auch verwundert die Augen reiben über das, was so alles möglich ist „op Platt".

Für Petra

Aap

„*Slaap, Kindken, slaap, dien Vadder is 'n Aap, dien Mudder is 'n Meerkatt, un du büst 'n lüttje Waterrott.*" So und nicht anders klingt es, wenn Fischermann Pay Butenschön seine vier strammen Jungs Ommo, Obbe, Okke und Olli in den Schlaf singt. Eigentlich gefällt es ihm ja gar nicht, daß er in diesem Lied den Vater als Affen bezeichnen muß. Und so hat er es denn auch schon mal wie im Hochdeutschen mit dem Schaf, dem *Schaap*, versucht, aber einen großen Unterschied vermochte er darin auch nicht zu erkennen. Und schließlich paßt ein lammfrommes Verhalten auch gar nicht zu diesem unserem Mann von der Küste. Davon kann auch Gesine, Pays Angetraute, ein Lied singen: besonders wenn sie sich im Schlußverkauf einmal wieder topchic eingekleidet hat. Denn für so einen *Apenkraam* hat Pay nun gar keinen Sinn: „*Du makst di doch to 'n Aap*", ist sein einziger Kommentar oder, wenn er gesprächig ist: „*Du bist recht so 'n Aap, di fehlt bloots noch de Steert.*"

Aber damit ist er bei Gesine, die schließlich auch ihren Namen Butenschön zur Geltung bringen möchte, an der falschen Adresse. *„Hool du dien Muul, du Grasaap, du Maiaap, du Apenoors"* – und vieles mehr wirft sie ihm dann offen ins Gesicht.

Übrigens: Offen heißt im Plattdeutschen ebenfalls *apen*, so wie eben auch die Mehrzahl von Affe *de Apen* heißt. Diese Lautgleichheit macht sich auch unser Fischer Pay zunutze, wenn er seinen Spaß mit den ihn umlagernden Urlaubern haben will. Dann nämlich gibt er ihnen eine Einführung ins Plattdeutsche: „Übersetzen Sie bitte: Ich habe ein offenes Gesicht." Und was antwortet sein gelehriges Gegenüber? Genau: *„Ik heff 'n Apen-Gesicht."*

„Wat de Menschen nich allens för Geld makt?" sää de Buur, dor sehg he dat eerste Mol 'n Aap.

all

„*Wat 'n Tostand: Nu is mien Geld all all all!*" Es reicht eben selten, das Haushaltsgeld. Und um einen Vorschuß braucht Sabine ihren Friedwart schon gar nicht zu fragen. Denn bei ihm herrscht *alltiet*, immer nämlich, Ebbe in der Kasse. Wie das kommt? – Dafür braucht man nur auf das solide Biertönnchen zu blicken, das Friedwart unter seinem Pullover nicht mehr zu verbergen vermag. Und er bekennt sich dazu: „*All mien, un allens sülbst betahlt.*" Wählerisch in der Wahl seiner Getränke ist er dabei eigentlich nicht, fast alles findet den Weg durch seine Kehle: „*Allens in de Welt, bloots keen Bottermelk to 'n Kaffe.*" Friedwarts Hobby zeigt allerdings nicht nur im wachsenden Körperumfang, sondern auch im abnehmenden Börseninhalt Wirkung. Doch eines steht fest: Friedwart ist zwar beleibt, aber beileibe kein Zechpreller, *un dat is ok all wat weert.*

Das kleine Wörtchen *all* hat es im Plattdeutschen durchaus in sich. Daß es – übrigens gesprochen mit einem langen a – für das hochdeutsche „alle" stehen kann, ist leicht verständlich: *All hebbt se keen Tiet.* Und die hochdeutsche Umgangssprache kennt auch „alle" als Bezeichnung für ‚zu Ende' oder ‚verbraucht': *De Botter is all* – es ist eben keine Butter mehr da. Für die dritte Hauptbedeutung gibt es im Hochdeutschen kein Wort, das gleich klingt. Am besten kann man diese Form mit dem kurzen a wohl mit „schon" übersetzen. Sagte doch schon der berühmte Buxtehuder Swienegel zum Hasen: „*Ik bün all dor.*" Hätte der Hase noch die Kraft zur Erwiderung gehabt, dann hätte er wohl geantwortet: „*Un nu sünd wi all tohoop hier*" – alle zuhauf, zusammen also.

Übrigens Friedwart und Sabine gehen nie zusammen in die Wirtschaft, denn er ist der Meinung: „*Den Kööm, den kann ik all alleen all maken.*" Sabine zetert zwar allemal: „*All dat schöne Geld!*", doch seien Sie versichert, auch sie verfügt über stille Reserven: „*Mannslüüd dörft woll allens eten – awer nich allens weten.*"

„Allens mit Maten", sää de Snieder un sloog sien Fru mit de Ell.

Arf

„*Madam, wat eet wi?*" – „*Ürbsen.*" – „*Madam, wat eet wi hüüt?*" – „*Ürbsen.*" – „*Madam, wat eet wi hüüt?*" – „*Erbsen.*" – „*Madam, wat eet wi hüüt?*" – „*Arfen, du verdreihte Deern!*" Dieses Mißverständnis um das Mittagsmahl ist eigentlich ganz einfach zu erklären: Hat doch Herr Direktor Linsemann seiner Gemahlin eingedenk ihrer sozialen Verpflichtungen bedeutet: „*Treck doch dat Muul nich jümmer so breet bi 't Snacken, saach Ürbsen – nich Arfen.*" Unsere Minna löst dieses Problem dagegen ein wenig plietscher: „*Wenn man von 't Arfen-Seggen 'n breet Muul kriggt, denn seggt man beter bloots Plumm.*" Plumm. Plumm... Übrigens meint Minna ja sowieso, daß das ganze gezierte Getue nicht hilft. Für sie bleibt Frau Direktor eine Vogelscheuche, oder, in ihren Worten ausgedrückt: „*De süht ut, de kannst an 'n besten in de Arfen stellen.*" Nun ja, das Verhältnis zwischen den beiden ist ohnehin seit kurzem getrübt. Denn Minna erwartet Nachwuchs, und

Arf

Frau Linsemann mußte sich schon mehrfach von befreundeten Nachbarn fragen lassen: „*Na, Ehr Minna hett woll ok to veel dicke Arfen eten?*"

Apropos dicker Bauch: Im Plattdeutschen greifen nicht wenige Redewendungen den Zusammenhang zwischen Erbsen und Verdauung in drastischer Weise auf. So sagt man etwa: *Arfen sünd düchtige Dinger: Itt man een, schitt man twee, itt man 'n Lepel vull, schitt man 'n Schepel vull, itt man 'n Handvull, schitt man 'n Land vull.* Aber, keine Angst, man riecht es nicht. Denn wie stellt Minna so richtig fest: „*Dat verdeelt sik, sää de Kööksch, dor scheet se in de Arfen.*" Doch: Der besagten Wirkung dieser berüchtigten Hülsenfrüchte läßt sich auch eine positive Seite abgewinnen – denn: *Arfen sünd düchtige Dinger, geeft se ok keen Kraft in de Knaken, hoolt se doch de Achterpoort apen.*

„Eenfach, awer nüüdlich", sää de Düwel un maal sik de Steert arfengröön.

Avkaat

"Anners kunn he nich mol 'n Woort ruutkriegen, nun kann he as 'n Avkaat snacken", urteilt altklug der kleine Kai über seinen Nachbarn Bockelbein, der sich gerade bei Kais Vater über den angeblichen Apfeldiebstahl des Sohnes beschwert hat, den dieser natürlich lauthals leugnet. Der Nachbar aber meint es ernst: Er redet auch nicht w i e ein *Avkaat*, sondern v o n einem solchen. Er will nämlich ab sofort mit einem Anwalt, eben einem *Avkaten*, gegen die dreisten Übergriffe des jungen Obstliebhabers vorgehen. *"Dat wööt wi woll kriegen, sää de Avkaat, he meen awer dat Geld"*, versucht Kais Vater Karlfried seinen Nachbarn Bokkelbein von der Überzogenheit eines derartigen Vorgehens zu überzeugen. Und das ist nicht sein letztes Argument, denn er weiß, *dat Wagenrööd un Avkaten smeert warrn mööt*. Und um deutlich zu machen, daß es sich dabei um zweierlei Schmiere handelt, fügt er noch an: *"Dat Geföhl nah hett de Mann recht, meen de Avkaat, as em eener 'n Goldstück in de Hand schoof."*

Avkaat

Sie merken: Der Advokatenberuf genießt im Plattdeutschen kein sonderlich hohes Ansehen. Erstens geht man – wie bereits erwähnt – davon aus, daß ein Vertreter dieses Standes in erster Linie Geld schinden will. Zum anderen hält man ihm vor, es mit der Wahrheit nicht gerade genau zu nehmen. Kein Wunder, daß auch Karlfried hier eine berufliche Perspektive für seinen durchtriebenen Sprößling erkannt zu haben glaubt. Denn, *siet he in de School is, snackt he keen wohr Woort mehr.* Und wenn er diese Verhaltensweise aus pädagogischen Gründen auch deutlich mißbilligen muß, so sieht er doch andererseits darin eine wichtige Voraussetzung für einen künftig erfolgreich arbeitenden Anwalt. Denn wie sagt der doch zu seinem Klienten? – „*Segg mi man de reine Wohrheit, dat Legen will ik woll doon!*"

„Gleich und gleich gesellt sich gern", sää de Düwel, dor güng he mit 'n Avkaat spazeren.

baben

"So geiht dat nich los. Mank mien Deerns warrd nich aast, dat geiht von baben daal!" Pastor Dirksen ist erbost, weil als erste Freia, die dritte und letzte seiner schönen Töchter, mit einer Ehewerbung bedacht wurde. Und murmelnd fügt er hinzu: *"De Gast, de is baben woll nich ganz richtig"*, womit er zum Ausdruck bringen möchte, daß er am Geisteszustand des Freiers ernsthaft Zweifel hegt. Bei ihm geht es nun einmal traditionell zu: Die Töchter werden von oben herab, *von baben daal*, verheiratet. Dies ist natürlich nur Menschengesetz. *He dor baben,* der liebe Gott also, zürnt nicht bei solchen Abweichungen, ihm ist es einerlei. Wenn er allerdings einmal seinen Unmut hören und es donnern läßt, dann sagt man auch: *De Ool dor baben kegelt.*

Im Plattdeutschen gibt es verschiedene Bilder mit *baben* als Bezeichnung für den Himmel in Wendungen, die sich mit dem Wetter beschäftigen. Wenn es schneit, kann man etwa sagen:

baben

Baben stoppt se Betten, oder: *Nu makt se baben wedder ruge Arbeit. Baben* kann eine Reihe von Bedeutungen haben: ‚oben', ‚oberhalb', ‚über', ‚bis oben hin' und andere mehr. Ebenso wichtig sind aber auch die Zusammensetzungen: *Wat dat babento gifft,* ist gratis, *wat babenan steiht,* ist das Beste, *wat babenvull is,* das ist gestrichen voll.

Übrigens bis zum Rand gefüllt, *babenvull,* werden auch die Gläser und Teller sein, wenn Pastor Dirksen seiner Tochter doch noch die Hochzeit ausrichtet, denn für ihn steht fest: *Wenn, denn geiht dat man so von baben daal* – immer aus dem vollen. Übelwollende Nachbarn nehmen aber nicht nur diesen Spruch zum Anlaß, von ihrem Seelsorger zu behaupten: „*He is jümmers so von baben daal*" – er ist hochmütig. Und ein kräftiges Maß an Schadenfreude klingt an, wenn sie respektlos befinden: „*Dat kummt von baben*", *sää de Paster, dor weih em 'n Dackpann op den Kopp.*

„*Das tu ich für Euch alle!*" sää de Paster un soop den Branntwien alleen ut.

bang

„*Du makst jo 'n Gesicht, dor kann een Rotten un Müüs mit bang maken.*" Ein Gesicht, mit dem man Ratten und Mäuse in Angst versetzen könne, bescheinigt Ehefrau Irmgard ihrem Lebensgefährten Ernst – was ihn jedoch in keiner Weise aufzuheitern vermag, quält ihn doch schon seit der vergangenen Nacht sein kariöser Backenzahn. „*Bang maken gellt nich*", stellt Ernst selbstbewußt fest und macht sich mutig auf den Weg zum Zahnarzt. Im Wartezimmer jenes Kusenklempners, wie Ernst seinen Peiniger in besseren Tagen zu nennen pflegt, beginnen allerdings zwei Kräfte in seiner Brust zu streiten: Der Schrecken, der durch die eindringlichen Bohrgeräusche hervorgerufen wird, fängt an, den Schmerz zu überdecken. Doch Ernst bleibt hart, und für den Zweifelsfall tröstet er sich: „*Bang bün ik nich, awer lopen kann ik fix.*"

Das Wort *bang* für ‚ängstlich', ‚furchtsam' wird Ihnen vermutlich auch im Hochdeutschen geläu-

bang

fig sein. Dafür verantwortlich ist, nebenbei bemerkt, kein Geringerer als der Reformator Martin Luther, dem dieser niederdeutsche Ausdruck offenbar besonders gut gefiel. *Bang* ist lautlich verwandt mit „eng", „beengt" und entwickelte daraus seine gegenwärtige Bedeutung. Der hochdeutsche „Angsthase" hat sich dabei in eine plattdeutsche „Angsthose", die *Bangbüx*, verwandelt. Dieses Wort würde Ernst sich übrigens nur ungern nachsagen lassen, auch wenn er auf dem Zahnarztstuhl den geschlossenen Mund, die Haltung des Schweigers, bevorzugen würde, von dem man behauptet: *De is bang, dat he mit sien Muul nich utkummt*, daß sein Mundwerk also zu früh verschleißt. Und dem Schwätzer, der eigentlich eher in dieser Gefahr steht, sagt man nach: *He is bang, dat em dat Muul tofreert.* Wieder zu Haus bei seiner Irmgard, steht auch bei Ernst der Mund nicht mehr still. Beredt berichtet er – jedenfalls solange die Betäubung noch wirkt – über die mannhaft durchstandenen Torturen. Irmgard aber weiß Ernstens Prahlerei richtig einzuschätzen, und so geht sie nur äußerlich einfühlsam auf ihn ein: „*Du büst mi 'n Held: Bit an de Hacken in Water, un doch nich bang, dat du versüppst!*"

„Spaaß mutt ween", sää de Düwel, as sien Grootmudder em sien Backentehn inslagen harr.

Beer

Will allens sien Reeg hebben: de Fru de Köök un Kinner, Kinner ehr Slääg, un en ool Mann sien Piep un sien Beer. Mit diesem seinem Rollenverständnis sucht Kuddl Specht seiner Eheliebsten die Notwendigkeit seines abendlichen Kneipengangs nahezubringen. „*Ja, ja, suur Beer un schimmelt Brot, dat makt 'n starken Kerl groot*", lautet dann die schnippisch-lakonische Antwort seiner Lisa. Denn die Erfahrung von achtzehn Ehejahren hat sie überzeugt: *Is dat Beer in den Mann, is de Verstand in de Kann*. Wir sehen, die Eheleute Specht sind geteilter Ansicht in der Bewertung des Grundnahrungsmittels Bier.

Übrigens kommt auch manchmal ein anderes plattdeutsches *Beer* auf den Tisch. Na, Sie kennen es sicherlich, etwa in traditionellen Gerichten wie *Beern, Bohnen un Speck*, *Beern un Deeg* oder *Bottermelk un Klümp mit Beern*. Zu den Birnen gesellen sich dann auch noch die Beeren. Wenn Kuddl Specht davon hört, läuft ihm gleich das Wasser im

Mund zusammen: *Grütt ut Bickbeern* oder auch aus *Brummel-*, *Fleder-* und *Stickelbeern* – oder auf Hochdeutsch: Grütze aus Heidel-, Brom-, Flieder- und Stachelbeeren.

Doch wir wissen, Kuddl hielt es heute nicht am heimischen Herd. „*Suck, suck, soog, nu ried wi to Kroog. Drinkt 'n Kann Beer, een, twee, dree, veer.*" Mit diesem fröhlichen Gesang auf den Lippen zog Kuddl hinaus, um zu prüfen, ob der Wirt das Bierzapfen noch versteht: *Mol kieken, wat de Kröger noch Beer tappen kann.* Daß Kuddl nun aber nach dem zehnten Glas Gerstenbräu „einen in der Birne" hat, das wird nur der Hochdeutsche sagen, während Lisa ihm seinen Bierkonsum an der Nasenspitze abliest und nüchtern feststellt: „*Dien Nees lücht all wedder as so 'n 100-Watt-Beer.*"

„**Dat is mit'n Handslag nich daan**", sää de Fru, dor verrüüsch se ehrn Mann mit'n Bessensteel.

Böhn

"Nu geiht de Reis los", sää de Papagei, as de Katt mit em to Böhn güng – als die Katze ihn auf den Dachboden zog. Das murmelte Knecht Jürgen in seinen spärlich sprießenden Bart, als zu nachtschlafener Zeit der durchdringende Weckruf des Bauern in seine Bodenkammer, eben in die *Böhnkommer*, drang. Denn er wußte: Es wird ein schwerer Tag. Hatte doch Bauer Hingstmann großkotzig mit Nachbar Paul gewettet, seine gesamte Heuernte in einem Tag *op 'n Böhn* zu bringen. *"Du hest woll Rotten op 'n Böhn"*, entschied resolut Bäuerin Hingstmann, womit sie bildhaft ausdrückte, daß sie dieser Wette mehr als skeptisch gegenüberstand. Ratten auf dem Boden – das ist hier natürlich nicht der Dachboden, sondern das, was der Hochdeutsche vielleicht verniedlichend als „Oberstübchen" bezeichnen würde.

Böhn kann also verschiedene Dinge bedeuten: Neben dem Dachboden – und wohlgemerkt nicht dem Fußboden – sowie dem Schädel sind zu nennen: die Zimmerdecke, die Empore und auch der Gaumen, etwa wenn Knecht Jürgen während des zweiten Frühstücks die Backerzeugnisse der Bäuerin bewertet: *„Jungedi, dat Broot backt ünner 'n Böhn fast, dor hest morgen noch goot von."* Übrigens: Brot kann auch *böhnig* sein, Sie wissen schon: wenn es alt und muffig schmeckt, weil es zu lange gelagert wurde. Diese Art der Beköstigung sagt Jürgen wenig zu. Denn auch wenn er selbst aus kleinen Verhältnissen stammt und er nur im Scherz von sich behauptet: *„Ik bün von hoge Afkunft, mien Vadder hett op 'n Böhn wahnt"*, so steht für ihn unumstößlich fest: Mutterns Küche war besser.

Und – wenn Sie erfahren möchten, wie die Wette von Bauer Hingstmann ausgegangen ist – ganz einfach: verloren. Denn der übereifrige Landwirt fiel wegen einer Verletzung aus, als er das Heu auf dem *Böhn* verstauen sollte: *„Dat rummelt in de Kist", sää de Buur, dor weer he von 'n Böhn fullen.*

„Kopparbeit is swoor Arbeit", sää de Buur, „dat seh ik an mien Ossen."

bölken

„*Twee Beer un twee Korn!*" – „*Nu bölk hier man nich so rum, sünd doch ok noch anner Gäst dor*", ermahnt Jehann Kröger seinen Stammgast Werner. Denn wenn er in seinem Krug eines nicht leiden kann, dann sind das Kunden, die ihre Bestellung über Gebühr laut vorbringen, die eben *bölken*. Schließlich ist diese kräftige Äußerungsform den Tieren vorbehalten. Das jedenfalls meint Jehann: *Ossen un Köh, ja de bölkt* – aber doch keine zivilisierten Menschen. Schön wär's, aber manche Zeitgenossen neigen eben dazu, ihren Wünschen lautstark Ausdruck zu verleihen. So wie eben Werner nachdrücklich neues *Bölkwater* verlangte: Er meinte damit schlicht und einfach Schnaps. Zum *Bölken* veranlaßt dieser übrigens in doppeltem Sinne: In Maßen genossen, regt er zu angeregter Unterhaltung in verstärkter Stimmlage an. Im Übermaß verabreicht, führt er allerdings auch zu unangenehmeren Äußerungen. Um es deutlich zu sagen: Auch das Aufstoßen, das Rülp-

bölken

bölken

sen, wird im Plattdeutschen *Bölken* genannt. Wenn Werner zum Beispiel zu reichlich gegessen hat und er sein Wohlwollen auf geräuschvolle Art kundtut, dann kann man ohne Bedenken sagen: *Em bölkt de fetten Ossen all ut 'n Hals, he kann meist Buur warrn.* Bei Kleinstkindern allerdings, wo die Verniedlichungsform des Landmannes, das Bäuerchen, bekanntlicherweise sehr wichtig für die gute Befindlichkeit ist, bedeutet *bölken* etwas anderes: „*Dat Göör liggt in de Puuch un bölkt*", wird so von Verfechtern eines echten, reinen Plattdeutsch als einzig korrekte Übersetzung des Satzes „das Mädchen liegt im Bett und weint laut" angesehen. Dennoch: Das Wort *bölken* steht beileibe nicht in der Gefahr, in Vergessenheit zu geraten, denn nicht nur auf dem Lande, sondern gerade auch in der Stadt bei jungen Leuten ist es beliebt. Sie sagen zwar nicht mehr altmodisch *Bölkwater*, sie bevorzugen *Bölkstoff*. Und sie wissen, was sie tun. Denn der beste *Bölkstoff*, der kommt aus Flensdorf, oder was?

„De nix hett, kann nix verleren", sää de Buur, dor versoop he sienen letzten Groschen.

Bregen

"Ik harr nich dacht, dat de Kerl so 'n möre Bregenpann harr", war das einzige, was der Angeklagte Hauke Döscher zu seiner Verteidigung vorbrachte. Was war geschehen, damals im Sommer, vor einem halben Jahr? Schon zum drittenmal hatte Steen Steensen ein Fuder Stroh umgeworfen. Und das, obwohl es bei der Ernte doch so hoch herging. Kein Wunder, daß Hauke der Kragen platzte: *"Di is woll de Bregen dünn worrn von de Hitten, is di woll!"* Als aber Steen Steensen schlagfertig konterte: *"Un di, di hebbt se woll in 'n Bregen scheten un vergeten umtoröhren"*, da verlor Hauke endgültig die Beherrschung – und schlug zu. Tatwaffe: ein Forkenstiel.

"Mehrfacher Schädelbruch", verlas der Richter aus den Ermittlungsakten. *Bregen* kann also sowohl das Gehirn, den Schädel oder auch die Stirn bezeichnen. Aber apropos "Gericht" – ohne auf das tragische Schicksal des Steen Steensen näher anspielen zu wollen: *Bregen* gilt besonders in ländlichen Haushalten Norddeutschlands auch als Delikatesse. Bevorzugt das Schweinehirn wird am Abend des Schlachtfestes in der Pfanne gebraten und mit Brat- oder Pellkartoffeln verspeist. Und nicht nur Eingeweihte wissen: Beim Schlachtfest wird dem angebotenen Hausmanns-Punsch reichlich zugesprochen – ein Vergnügen übrigens, auf das Hauke Döscher nach Maßgabe des Gerichts für die nächsten 8½ Jahre verzichten muß. Am Morgen nach der Einschlachtung heißt es üblicherweise von dem einen oder anderen Beteiligten: *De hett bloots noch Asch in 'n Kopp. Den Bregen hett em de Branntwien verbrennt.* Der Leidtragende fühlt sich selbst vermutlich *bregenklöterig* oder „hirnklapprig", wie ein namhaftes Wörterbuch zu vermelden weiß. Auch das Englische kennt ein Wort, das dem *Bregen* verwandt ist. Was für eins? *Dat laat Se sik man dör den Bregen gahn...*

„Veel Köpp, veel Sinn", sää Ulenspegel, dor harr he 'n Föder Kohl umsmeten.

Buddel

"Laat uns man eerst 'n Lütten ut de Buddel nehmen", befindet Altgeselle Fritz, wenn er morgens um halb sieben auf der Baustelle erscheint. Schließlich ist er der Ansicht, daß jede zünftige Arbeit mit einem ordentlichen Schluck aus der Flasche begonnen werden muß. Polier Willy bringt dafür allerdings nur wenig Verständnis auf. Für ihn steht nämlich fest: *"Fritz, de is doch all lang in de Buddel."* Er hält ihn also für alkoholabhängig.

Buddel, ein von dem französischen „bouteille" abgeleitetes Wort. Auch der Engländer greift zur „bottle", nur das Hochdeutsche kennt erstaunlicherweise keine entsprechende Form, hier hält man an der Flasche fest, die ursprünglich ‚umflochtenes Gefäß' bedeutete. Daß Glasbehälter, also Flaschen oder *Buddeln*, in unserem Kulturkreis noch gar nicht so lange üblich sind, belegt die Redensart: *Dat weer 1800 un 'n Kruuk, as de Buddels noch keen Mood weern.*

Buddel

Eben so beurteilt übrigens auch Polier Willy bisweilen die Techniken des Gesellen Fritz, der sein Handwerk ja schließlich vor mehr als 40 Jahren erlernt hat. Derartige Anwürfe weiß Fritz jedoch zu kontern: „*Dat is 'n Stück Snack as 'n Buddel vull Pannkoken un 'n Liter Mettwuss.*" Eine Flasche Pfannkuchen und ein Liter Mettwurst – völlig haltloses Gerede also. Und heute sollen ja ohnehin nur die Fundamente ausgehoben, es soll gebuddelt werden.

Buddeln hat als Tätigkeitswort mehrere Bedeutungen: neben dem Trinken und Sich-Betrinken das Graben und Wühlen; außerdem kann es verschiedene Arten der Fortbewegung bezeichnen, etwa von einem Schiff, das sich gegen alle Regel nicht horizontal, sondern vertikal durch die Weltmeere bewegt, kann man sagen: „*Dat Schipp buddelt af.*" Wer für den Untergang des Schiffes verantwortlich zu machen ist, bleibt dahingestellt. Vielleicht das unterqualifizierte technische Personal, denn wie heißt es doch so richtig: *'n Buddel Ööl un 'n Handvoll Twist, un fertig is de Maschinist.*

„Dampen deit all, wenn't brennen ward, gifft'n Füür", sää de Voß, dor harr he op't Ies scheten.

Büdel

Dat geiht wunnerlich her in de Welt. De een hett den Büdel un de anner dat Geld. Diese in Norddeutschland oft gehörte Redensart scheint Nis Petersen heute abend auch nichts mehr zu nützen: Beim abendlichen Kartenspiel im Dorfkrug hat er drei Runden lang nur verloren. Und das ist besonders schmerzhaft, denn hier geht es reichlich ins Geld: *Dat ritt dull in 'n Büdel.* Doch Nis hat die Hoffnung noch nicht aufgegeben, denn wie heißt es doch so richtig: *„Eerst Gewinn is Kattengewinn, tweet Gewinn in 'n Büdel rin."* Daß Nis' Freunde von ihm behaupten: *„De höllt jümmer den Dumen op 'n Büdel"*, daß er also geizig oder *büdelfuul* sei, das hat jedoch einen ganz anderen Grund: Ehefrau Paula nämlich hat seiner Verschwendungssucht Einhalt geboten, und nicht ohne Stolz behauptet sie von sich selbst: *„Ik heff em 'n Knoop op 'n Büdel sett."*

Büdel ist zunächst einmal gleichbedeutend mit dem hochdeutschen Beutel. Allerdings wird die

Büdel

Möglichkeit von Wortzusammensetzungen im Plattdeutschen wesentlich stärker genutzt: Wie im Hochdeutschen gibt es etwa den *Klingelbüdel* in der Kirche und den *Schinkenbüdel* als Bezeichnung für unkleidsame Hosen. Daneben kann *Büdel* aber auch als Teil von Berufsbezeichnungen dienen. So kennen wir den *Postbüdel*, den Briefträger, oder auch den *Putzbüdel*, den Frisör. Was aber Nis Petersen bei der Rückkehr in sein trautes Heim aus dem Munde seiner Herzdame entgegenbrandet, das ist in dieser Form im Hochdeutschen nicht bekannt: *„Du ole Windbüdel, du Stinkbüdel, du, du Dummbüdel, Lögenbüdel, du ole, ole Büdelbüdel. Morgen hest du wedder 'n Haarbüdel!"* – einen dicken Kopf also. Nis aber versucht es heute auf die sanfte Tour: *„Ach du mien lütt Schietbüdel, mien Smuusbüdel, mien lütt Tüdelbüdel, schimp doch nich so."* Und er übergibt ihr den Ertrag seiner anstrengenden Skatrunden mit den stolzen Worten: *„Kiek mol, wat ik för 'n groten Büdel heff."* Vielleicht mag er damit aber auch auf etwas anderes anspielen, wonach ihm – als Fortsetzung des erfolgreich begonnenen Abends – gelüsten könnte. Vermutlich haben Sie längst diese weitere Bedeutung von *Büdel* erkannt. Wenn nicht – hier noch eine kleine Redensart als Hilfestellung: *Scharpen Frost un Oosten-Wind gifft 'n krusen Büdel un 'n lüttjen Pint.*

Büx

"Mien Mann bruukt bloots de Büx an 't Bett to hangen – un denn is dat all wedder so wiet", klagt fassungslos die plattdeutsche Pastorenfrau Elsbe Anders. Sicherlich etwas übertrieben, denn Elsbes Gemahl, der tüchtige Seelsorger der gefälligen Landgemeinde Brixbüll, hat gewißlich schon häufiger als achtmal seine Hose – eben seine *Büx* – über den Bettpfosten gehängt. Ja, in der Tat: Achtmal bereits schenkte der Herr der Familie Anders einen neuen Sproß. *"Nu bün 'k awer fertig, mit Jack un Büx."* Mit diesem Stoßseufzer verkündet Elsbe, daß sie in wenigen Monaten einem neunten Erdenbürger das Leben schenken darf. Der Älteste in der Reihe der Orgelpfeifen, Christian, hat indes ganz andere Sorgen: Er ist gerade darauf aus, sich und seinen Spielkameraden seine neunjährige Männlichkeit zu beweisen – und das mit einem stibitzten Zigarrenstummel. Den altklugen Rat *"Hest ok ünnen dien Büxen tobunnen?"* – als Vorsorge vor Überraschungen also die

Hosenbeine zuzubinden – das ist nun wahrlich nicht Christians Art: „*Ik bün doch keen Bangbüx*", war sein fast beleidigter Kommentar. Doch schon nach den ersten drei eher kraft- als genußvollen Zügen naht das Unglück: Mutter Elsbe, die in der Familie bekanntlich *de Büxen anhett*, die berühmten Hosen nämlich, ahnt, daß etwas im Busche ist, als sie Rauchkräusel gen Himmel steigen sieht: „*Di warr 'k woll bi de Büx kriegen*", ruft sie, und Christian kann gerade noch mit Müh und Not *utbüxen*, entkommen. *He rennt, as wenn em de Büxen brennt,* denn er weiß, was ihm sonst blüht: Es wäre nicht das erste Mal, daß es etwas setzt, *dat he een an de Büx kriggt.* Die Strafe erreicht ihn aber dennoch, und zwar in Form eines anderen Unheils: „*Dat is 'n Büx!*" kann Christian nur noch erstaunt ausrufen, als die Zigarre Wirkung zeigt. Eine Wirkung, die man übrigens auch anders erzielen kann, wie Christians Vater aus leidvoller eigener Erfahrung weiß: „*Dat kummt von 't lange Predigen*", *sää de Paster, dor harr he in de Büx scheten.*

„Wißt Du oder schall ik", sää Johann von Ahn to sien Bull, de veer Schilling wööt verdeent sien.

Buur

'n Buur is 'n Buur, is 'n Beest von Natur. Der Bauer zählt von Natur aus zum Vieh – so jedenfalls sieht es das Plattdeutsche. Zum einen neidet man ihm seine bessere Kost und wirft ihm Unmäßigkeit im Essen und Trinken vor: *„Je ehrer doran, je ehrer dorvon", seggt de Buur, wenn he to Disch geiht.* Und auch eine Variante zum hochdeutschen „doppelt genäht hält besser" gibt es: *„Wat duppelt neiht is, höllt duppelt", sää de Buur, dor eet he tweemol to Middag.* Was aber bereitet ihm bei dieser Gelegenheit die größte Freude? *„Dat Gesicht mag ik lieden", sää de Buur, as de Swienskopp op 'n Disch keem.* Landläufig schreibt man dem Landwirt keine ausgeprägte Intelligenz zu: *„Jo, jo", sää de Buur, un denn wüß he nix mehr.* Aber in dieser ihm nachgesagten Dummheit liegt auch ein gewisser Vorteil – Sie wissen doch: *De dümmsten Buurn hebbt de dicksten Kartüffeln.* Doch ein weiterer ihm zugeschriebener Wesenszug verhindert, daß unser Agronom die-

Buur

sem glücklichen Umstand eitel Freude abgewinnen kann: *De Buurn sünd jümmer untofreden: Sünd bloots groot Kartüffeln wussen, hebbt se keen lütt för de Swien.*

Bauern, eben *Buurn,* sind überall zahlreich vertreten, und so ist es wenig verwunderlich, daß das Wort *Buur* im Norden Deutschlands Teil vieler Orts- und Flurnamen ist. Denken Sie an *Buurdiek, Buurfeld* oder *Buurwischen.* In dem Ortsnamen *Wesselburen* dagegen zeigt sich die weitere Bedeutung, die mit „wohnen" zusammenhängt und „Ort", „Siedlung", „Raum", „Gemach" umfaßt. Hieraus leitet sich denn auch *Buur* als das Vogelbauer ab. Und noch eine weitere hochdeutsche Bezeichnung findet im Plattdeutschen ihre Entsprechung in *Buur:* das Bäuerchen bei Kleinkindern. Zu gröberen Ausdrucksformen, wie etwa dem Aufstoßen, neigt der plattdeutsche Bauer allemal. Aber besonders herzlos scheint er im Umgang mit seiner Ehefrau zu sein: *Wenn de Fruunslüüd goot starft un de Peer goot arbeit, kann de Buur riek warrn.* Reichtum ist ihm hiernach sicher, wenn seine Pferde gut arbeiten und wenn er mehrfach heiraten kann. Und auch vermeintlich gemeinsame Vergnügungen können eher zwiespältiger Natur sein – oder wie würden Sie folgendes Verhalten bewerten: „*'n lütt Vergnögen mutt ik ok hebben", sää de Buur un kettelt sien Fru mit de Mistfork.*

Deern

„*Dat is 'n Leben*", *sää de Deern, dor kreeg se 'n Kind.* – „*Dor liggt 't*", *sää de Deern, dor leet se 't bi 't Danzen fallen.* – „*Dat hett hulpen*", *sää de Deern, dor kreeg se twee Kinner.* Ja, ja, die *Deern*, das Mädchen. Aber wenn Sie von diesen Redensarten auf einen mehr oder weniger freizügigen Lebenswandel der *Deern* schließen, dann täuschen Sie sich. Denn die plattdeutsche *Deern* ist nur eine entfernte Verwandte der hochdeutschen Dirne. Wenn nämlich Henning seiner angebeteten Astrid beteuert: „*Ach, mien söte Deern, ik mag di ja so geern*", dann meint er dies keineswegs abwertend, sondern einzig und allein liebevoll. Und er meint es ernst, denn Astrid ist im heiratsfähigen Alter: *Se is 'n lütt Deern von dusend Weken.* Tausend Wochen ist sie also alt, knapp zwanzig Jahre. Als *Deern* kann man aber eigentlich Mädchen jeden Alters bezeichnen. Bei verheirateten Frauen sollte allerdings dieses Recht dem Ehemann für traute Stunden vorbehalten sein ... Apropos Ehemann: Hennings argwöhnender Vater rät von einer engeren Bindung ab. Und das nur, weil Astrid gelegentlich ein fröhlich Liedlein pfeift. Für den Vater ist gewiß, daß ein solches Mädchen nichts wert sein kann: *Fleuten Deerns dögt nix.* Und auch Astrids attraktivem Äußeren steht er aufgrund seiner langen Lebenserfahrung – ganz im Gegensatz zu seinem Sohn – äußerst kritisch gegenüber: *De glattsten Deerns warrd de swattsten Fruuns.* Doch Henning ist nicht bereit abzuwarten, wie Astrid sich mit zunehmendem Alter entwickeln wird, denn mit Redensarten kann auch er altklug aufwarten: „*De Göös nah Wiehnachten, de Appeln nah Fastelabend un de Deerns nah dörtig hebbt den Gesmack verloorn.*"

Falls Sie nun aber an der *Deern* Gefallen gefunden haben und geneigt sind, ein wenig Zungengymnastik zu treiben, dann versuchen Sie es doch einfach mit dem Satz zum Schnellsprechen von der dicken und der dünnen Magd: „*De dicke Deern droog de dünne Deern dör den dicken Dreck; dor dank de dünne Deern de dicke Deern, dat de dicke Deern de dünne Deern dör den dikken Dreck drägen dää.*" Noch einmal! – „*De dicke Deern...*"

„Nimmer harr 'k dat dacht", sää de Deern, dor kreeg se 'n Kind mit 'n holten Been.

duun

"Mensch, wat weern wi wedder duun", so und nicht anders drückt Hermann seine höchste Befriedigung über den Verlauf der gestrigen Zechtour aus. In der Tat hatte er dem Alkohol kräftig zugesprochen, denn wie lautet die Philosophie seines Freundes Günter doch so richtig: *"Halfduun is rutsmeten Geld"* – halbbetrunken ist hinausgeworfenes Geld. Und eines aus dem breiten Fächer der gestern konsumierten geistigen Getränke scheint es besonders in sich gehabt zu haben. Hermann verspürte nämlich dessen Wirkung nicht sofort, sondern der *Dunas* schlägt erst am heutigen Vormittag so richtig durch: *"Ohauaha, dat weer di 'n Kööm, de duunt sogar noch nah!"*

Duun, ein Wort, das als ‚betrunken' auch in der norddeutschen Umgangssprache verbreitet ist. Seine ursprünglichen Bedeutungen sind ‚eng', ‚knapp' sowie ‚dick', ‚vollgestopft', ‚aufgebläht', oft in Anlehnung an die Leibesfülle des bezeichneten Menschen. Von hier aus ist es zum Stadium der

Übersättigung und schließlich zu Trunkenheit kein weiter Weg mehr. An dieser Stelle fügt sich auch das Schwindelgefühl ein, das ebenfalls mit *duun* beschrieben werden kann. Mit Schwindeln hat das allerdings nichts zu tun, denn Betrunkene und kleine Kinder lügen bekanntlich nie: *Kinner un dune Lüüd seggt de Wohrheit.* Daneben heißt *Duun* im Plattdeutschen aber auch etwas ganz anderes: Es ist nämlich die Entsprechung der hochdeutschen Daune. Kein Wunder, daß Hermann immer dann, wenn er sich *dick un duun* getrunken hat – oder, wie Günter zu sagen pflegt: *duun as 'n Hingst is* –, die Überzeugung vertritt: „Dunen sünd beter as Feddern." Und verständlicherweise hält er sich zugute: „Duun sien vergeiht, awer dösig sien blifft bestahn", wobei er nicht ohne einen gewissen Hintersinn seinem Zechkumpanen Günter zuprostet. Denn besonders dessen politische Ansichten erscheinen ihm komplett abwegig. Und wenn dieser mal wieder anhebt, in einer Stammtischrede alle großen Probleme dieser Welt zu lösen, dann fährt Hermann ihm platt in die Parade: „*Suup di duun un freet di dick un hool dien Muul von Politik.*"

„So kummt das Woort Gottes ünner de Lüüd", sää de Düwel, dor smeet he de Bibel öwer 'n Tuun.

eisch

„Du eische Deern, nimm dien Fingers ut 'n Marmeladenputt!" Zweimal schon hatte Mutter Wanda ihre Tochter Anne ermahnt, doch der frisch eingekochten Kirschkonfitüre konnte die Zehnjährige beim besten Willen nicht widerstehen. *Eisch*, also unartig, ungezogen, sind selbstverständlich bisweilen auch kleine Jungen, und nicht nur die *Deerns*. Und nur zu gern drehen Kinder den Spieß auch mal um und belegen den gerade eine Erziehungsmaßnahme durchführenden Elternteil mit der Vokabel *eisch*: *„Mudder is ganz eisch."*

Die Herkunft dieses Wortes ist bis heute nicht vollständig geklärt, und schon Jacob und Wilhelm Grimm, die sich nicht nur als Märchensammler, sondern auch als Mitbegründer der deutschen Sprachwissenschaft einen Namen machten, konnten sich nicht recht entscheiden, ob sie es dem Hoch- oder dem Plattdeutschen zuordnen sollten. Klar ist, daß es ursprünglich für etwas Garstiges oder Häßliches steht und, daraus abgeleitet, für etwas Versehrtes, Minderwertiges: Ein *eisches* Bein etwa ist verkrüppelt. Entsprechend früherer Konventionen hieß übrigens die rechte, vollwertige Hand fein, im Gegensatz zur *eischen*, der linken. So findet sich denn auch *eisch* als Ausdruck allen Übels in der historischen Beschwörungsformel „*Doot, Dübel un de annern eischen Kunden!*" Wenn *eisch* heute verwandt wird, dann hat es allerdings mit dieser überaus negativen Ausgangsbedeutung nichts mehr gemein. Es wird, wie erwähnt, für unartige Kinder benutzt, dient gleichzeitig aber als Ausdruck für eine besondere Wertschätzung. Wenn nämlich Holger, Annes großer Bruder – und wie dieser Genießer aller Süßigkeiten –, seiner Freundin Elisabeth ein Kompliment macht und sagt: „*Du bist 'n eische Deern, wat du för schöne Been hest!*", dann ist sie so geschmeichelt, daß sie – na, Sie wissen schon – an ihrem langen Kleid nun wirklich keine Freud mehr hat.

„Alle Mann ran!" seggt de Buur un hett man een Jung, un de is lahm.

eten

„*Eet man to, wat 'n sülbst itt, smeckt jümmers an'n besten.*" Mit diesen freundlichen Worten ermuntert Hausfrau Heike den rundlichen Malermeister Herbert, der vor dem Mittagessen mit dem Tapezieren des Wohnzimmers nicht fertig geworden ist, zum Zugreifen. Und Herbert gehört nicht zu den Menschen, die sich zweimal nötigen lassen: *De fix itt, kann ok fix arbeiten*, so lautet seine Devise. Heike hat allerdings einen etwas anderen Eindruck von der Ausübung seines Handwerks gewonnen: „*De freert bi de Arbeit un sweet bi 't Eten.*" Herbert ist in ihren Augen also jemand, der bei der Arbeit friert und dem nur beim Essen warm wird – oder im Klartext: ein Faulpelz.

Eten, ein Wort, das auch dem Nicht-Plattdeutschen leicht verständlich sein wird, unterscheidet es sich doch von dem hochdeutschen „essen" nur durch eine kleine Gesetzmäßigkeit: Wo im Plattdeutschen zwischen zwei Selbstlauten ein t steht, da hat das Hochdeutsche oft -ss-. Andere Bei-

spiele sind etwa: *laten* – lassen, *Water* – Wasser, *beter* – besser, *geten* – gießen, *weten* – wissen. Von der Nähe zwischen *eten* und „essen" zeugen nicht zuletzt mehrere Redewendungen, die sowohl im Hoch- als auch im Plattdeutschen bekannt sind. Hierzu gehören: „*De nich arbeit, schall ok nich eten*" oder „*De Appetit kummt bi 't Eten*".
So ergeht es übrigens auch unserem Malermeister, der aber doch schließlich zu der Einsicht gelangt: „*Wenn ik 'n halwe Stünn eten heff, vergeiht mi de Appetit.*" Heike, die den sich genußvoll räkelnden Meister Herbert genauer betrachtet, denkt im stillen bei sich: „*Eten, slapen, supen; langsam gahn un pupen – dat sleit an*", ja, das setzt an, und der Gürtel muß wieder weiter geschnallt werden. Die Höflichkeit gebietet ihr jedoch, weiter zu nötigen, und mit ironischem Unterton fordert sie ihn auf: „*Eet Se doch, Se hebbt je gar nix eten; wenn Se so veel eten harrn as ik eten heff, so harrn Se mehr eten as Se eten hebbt.*"

„*Afwechslung mutt sien*", sää de Düwel un freet de Bottermelk mit de Mistgabel.

faat

"Faat di man sülbst an de Nees, denn hest 'n Stück Fleesch!" Zugegeben, ein wenig gereizt fiel Huberts Antwort aus, als sein Skatbruder Reinhard ihm Unaufmerksamkeit vorhielt. An die eigene Nase sollte er sich also fassen, denn da wäre Fleisch zu finden. Geladen war die Stimmung ohnehin schon. Zum einen waren alle Beteiligten mittlerweile leicht alkoholisiert, sie hatten alle *'n lütten faat*. Zum anderen aber kam Hubert der Verlauf des heutigen Abends merkwürdig vor. Denn auch wenn Reinhard ein alter Fuchs ist, von dem seine Freunde oftmals in Anerkennung sagen: *"Dat is een, de hett wat von de Saak faat"*, der also etwas vom Spiel und vom Spielen versteht, soviel Glück wie er heute hatte – das konnte einfach nicht mit rechten Dingen zugegangen sein. Und insgeheim nahm Hubert sich vor: *"Den wööt wi woll faat kriegen"* – er wollte ihn des Betruges überführen.

Die Grundbedeutung von *faten* ist zunächst

einmal fassen. Wenn man etwas *faat hett*, dann hat man es fest in der Hand oder im Griff. Aber es läßt sich auch im übertragenen Sinne anwenden, so heißt „*he hett de söbentig faat*", er ist siebzig Jahre alt. Auf einer Reise nach Süden kann man etwa die Alpen *faat hebben*, und von einem zum Nichtstun Neigenden behauptet man: „*He hett wat von de Fuulheit faat.*"

Übrigens: Reinhards Mitspieler hatten in der Zwischenzeit durch scharfe Beobachtung die Hintergründe seines eigenwilligen Kartenverteilsystems aufgedeckt. Und als die drei Spieler *sik dat Faten kregen*, sich also schlicht prügelten, da alarmierte der Wirt umgehend die örtliche Polizeidienststelle. Die Beamten schienen allerdings zuallererst darauf bedacht zu sein, ihre Ausnüchterungszellen zu füllen. Und so kommentierte der Wirt spöttisch den Übereifer der Ordnungsorgane: „*Nu hebbt se de to faat, de de Schienen von de Isenbahn angnabbelt hebbt*", die also die Eisenbahnschienen angenagt haben – ein Unterfangen, das den Mundwerkzeugen mit Sicherheit nicht zuträglich ist. Das zweifelhafte Vergnügen der staatlichen Unterbringung hatten allerdings nur zwei der Skatbrüder. Reinhard, der Fuchs, nämlich entkam, und als er aus dem Toilettenfenster stieg, sagte er fast nüchtern: „*Reisen Lüüd mutt 'n nich ophooln, sää de Voß, dor harr he den Hasen nich faat kregen.*"

fix

„*Ik bün nu all fix un fertig*", hatte Heiko Klotz bereits in der Pause seinem Klassenkameraden Reinhold Peters geklagt. Und nun kaute er schon seit zehn Minuten ununterbrochen seinen Bleistift weich und starrte dabei mit sinkendem Mut auf sein weißes Blatt Papier: „*Junge, dat sünd mol wedder fix swore Opgawen.*" Sein Banknachbar Reinhold hat augenscheinlich weniger Probleme mit den ausgesprochen schweren Prüfungsaufgaben. „*Bi den geiht dat awer fix*", denkt Heiko bewundernd, aber auch nicht ganz frei von Neid. Ein schneller, eben ein *fixer* Blick auf Reinholds Heft aber bleibt ihm verwehrt. Dafür sorgt schon Lehrer Harms, auch wenn dessen gefürchtet scharfen Augen heute ein wenig verschleiert aussehen. „*De hett güstern awer fix eenen faat hatt*", diagnostiziert Heiko messerscharf. Ob dieser vermutete tüchtige Rausch mit dem gestrigen Ausflug des Philologen-Verbandes in einem ursächlichen Zusammenhang steht?

fix

Wie dem auch sei: Die Herkunft von *fix* ist jedenfalls geklärt. Es stammt ab von dem lateinischen Wort „fixus" ‚fest', ‚befestigt'. Im Plattdeutschen hat *fix* weitere Bedeutungen angenommen: neben ‚tüchtig', ‚rüstig' und ‚stark' verblüffenderweise auch ‚schnell'. Als ’n fixen Jung kann also sowohl ein geistig wie auch ein körperlich beweglicher Junge bezeichnet werden.

In diese Kategorie fällt, nebenbei bemerkt, auch Heiko Klotz. *Fix oder nix* lautet nämlich seine Devise, und kurzentschlossen bittet er Lehrer Harms, wegen eines dringenden Bedürfnisses austreten zu dürfen. *„Na, denn ruut mit di, awer ’n beten fix"*, poltert Pädagoge Harms mehr menschlich einfühlsam als durch Charakterkenntnis ausgewiesen. Denn Heiko muß gar nicht *ut de Büx*, sondern Zweck seines Unternehmens ist einzig und allein, Einsicht in die Spickzettel zu nehmen, die er vorsorglich und kunstvoll in der Toilettenpapierrolle fixiert hat. Und falls Lehrer Harms später wegen der stark schwankenden Leistungen des Schülers Klotz befinden sollte: *„Hüüt fix, morgen nix"*, dann hat Heiko auch für diesen Fall eine Lebensweisheit parat: *„Hool di man fix un kehr di an nix!"*

„Mudder, ik heff ’t all to wat bröcht", sää de Jung, dor harr he Lüüs.

Flaag

Schient de Sünn op 'n natten Steen, lett en anner Flaag sik sehn. Die Wettervorhersage sprach zwar von heiteren Aussichten, aber die Meteorologen schließen eben nicht von sonnenbeschienenen nassen Steinen auf wiederkehrende Schauer. Und Vater Lorenz hält sonst viel von plattdeutschen Wetterregeln – in diesem Falle verläßt er sich jedoch auf den Wetterbericht und hat seine angetraute Selma davon überzeugt, daß der angesetzte Familienwandertag stattzufinden habe. *„Kiek, dor treckt all wedder 'n Flaag op"*, ein erneuter Schauer stehe an, gibt Mutter Selma gleichwohl zu bedenken, doch für Lorenz als waschechten Norddeutschen gibt es nun mal kein schlechtes Wetter – allerhöchstens unpassende Kleidung. Nach dem dritten Wolkenbruch innerhalb einer Stunde ist es jedoch mit der Geduld von Martin und Maria, den beiden Sprößlingen, nicht mehr zum besten bestellt: *„De beiden Olen, de hebbt jo woll Flagen in 'n Kopp."*

Flaag

Was die beiden Alten – und das ist im Niederdeutschen beileibe keine ehrenrührige Bezeichnung für die Eltern – hier nach Ansicht der Kinder im Kopfe haben, sind gewiß keine Regenschauer, sondern eher Flausen und fixe Ideen. Gemeinsam ist diesen unterschiedlichen Bedeutungen, daß sie Zustände bezeichnen, die jeweils nur von kurzer Dauer sind. Und was auf Lorenz zukommt, als auch Selma völlig entnervt und aufgelöst nicht mehr an sich halten kann, ähnelt einem kurzen, aber kräftigen Sommergewitter. *„Dor heff ik awer wedder 'n Flaag kregen."* Er hätte für *Flaag*, was hier für „Standpredigt" steht, auch *'n natt Johr* oder *'n Reis* sagen können, aber von Reisen, insbesondere von ausgedehnten Fußtouren, ist auch Lorenz erst einmal kuriert. Doch seine Stimmung steigt schnell wieder, als er während der Einkehr in einem Wirtshaus endlich den langersehnten Korn in der Hand hält. Ausgesöhnt mit sich und der Welt, setzt er das Glas an und bereitet seine Kehle durch einen Trinkspruch vor: *„Wohr di, Halslock, dor kummt 'n Flaag."*

„Dat Kruut kenn ik", sää de Düwel, dor sett he sik in de Netteln.

füünsch

„Mensch, wat kann de Gast füünsch warrn."
Tobias kann überhaupt nicht verstehen, daß Nachbar Paul Schriewer so aufgebracht, eben *füünsch*, reagiert. Denn wenn nicht er über das Frischgeharkte gelaufen wäre, dann hätte in allerkürzester Zeit ein anderer sich diese Fehltritte erlaubt. Eigentlich ist Nachbar Schriewer ein bemerkenswert ausgeglichener Zeitgenosse, der in seiner kärglich bemessenen Freizeit vorzugsweise der Gartenarbeit huldigt. Die *Füünschigkeit* ist bei ihm also keine dauernde Charaktereigenschaft, sondern eine plötzliche, momentane Aufwallung.

Für den Ausdruck von Zorn und Wut ist *füünsch* ein im Plattdeutschen oft gebrauchtes Wort. Seltener, aber dennoch völlig korrekt beschreibt *füünsch* darüber hinaus einen anlagebedingten Wesenszug. Von jemandem, der also von Grund auf bösartig, arglistig und giftig ist, kann man im Plattdeutschen folglich auch mit Fug behaupten: *„De Kerl is füünsch."* Und ebenso wie

füünsch

füünsch

im Hochdeutschen fürchterlich, schrecklich, ungeheuer und viele andere Eigenschaftswörter mit ursprünglich negativer Bedeutung, so kann auch *füünsch* der Verstärkung eines Ausdrucks dienen: *'n füünsche Küll* ist eine grimmige Kälte, *füünsche Kräft* sind Riesenkräfte.

Tobias kann sich übrigens ausmalen, was in den bei der Gartenarbeit gereiften Muskelpaketen des Nachbarn Schriewer steckt, und er läßt sich daher erst in sicherer Entfernung zu einer hämischen Äußerung hinreißen, die hier besser nicht wiedergegeben werden soll. Dieser *füünsche Snack* des Jungen erhitzt den Hobbygärtner allerdings nur kurzfristig, denn ein Unglück kommt selten allein: Auch die so friedvoll anmutende Gartenarbeit birgt nämlich unberechenbare Gefahren, wie Paul Schriewer am eigenen Leib spüren muß: *"So lütt un doch so füünsch", sää de Düwel, dor harr he in 't Wepsennest grepen.*

„Wo man singt, da laß dich ruhig nieder", sää de Düwel un huukt sik mit den Mors in 't Wepsennest.

Gast

"Een Gast hett twee Gottloff: een, wenn he kummt, un een, wenn he geiht." Der Stoßseufzer von Bauersfrau Meta kommt von Herzen, denn ihre Gefühle sind gemischt: Ein erstes „Gottlob" ließ sie hören, als endlich die Saison begann und die Fremden in die frisch tapezierten Zimmer einzogen. Jetzt, drei Monate später, hört man von ihr ein ebenso aufrichtiges zweites „Gottlob", als auf dem Hof endlich wieder Ruhe einkehrt. *„Dor sünd di awer ok Gäst bi ween"*, bemerkt Meta kopfschüttelnd; aber sie meint damit nicht allgemein Besucher oder Urlauber, sondern *Gast* deckt im Plattdeutschen in seiner zweiten Bedeutung etwa die gleiche Spanne ab wie der hochdeutsche „Kerl". Und die Gäste, die Meta meint, haben wahrlich toll gewirtschaftet und sich bös aufgeführt: *„De sünd dor jo gresig to Gast gahn"*, stellt Meta fassungslos fest, und eine erneute Renovierung wird sich nicht umgehen lassen.

Wenn Sie den *Gast* in der Mehrzahl ansprechen

wollen, haben Sie entsprechend der Region Norddeutschlands, in der Sie sich gerade aufhalten, verschiedene Möglichkeiten. So steht etwa *Gäst* neben *Gäste* und *Gasten*. Doch Vorsicht: *Gasten* kann ebenso wie die Kurzformen *Gass* und *Gast* auch für die Getreidesorte „Gerste" stehen. Vermieterin Meta – zumal sie doch auch Landwirtsgattin ist – könnte dieser Fehler allerdings nicht unterlaufen. Wenn nach der Ernte und der Vermietungsperiode mehr Zeit für Privates bleibt, dann frönt Meta ein ihr liebgewordenes Hobby: Sie geht *gasterieren*. Wenn also irgendwo in der Nachbarschaft oder Verwandtschaft ein Fest – eben eine *Gasterie* – angesagt ist, kann man auf Meta zählen. Doch sie weiß, was sich empfiehlt, und bleibt nie länger als bis zum nächsten Sonnenaufgang, denn Meta ist klar: *„Den eersten Dag 'n Gast, den tweten all 'n Last, den drütten stinkt he fast."* Meta fordert dann allerdings auch, daß der jeweilige Gastgeber die Regeln der Gastfreundschaft beherzigt. Es soll nicht so zugehen wie in der letzten Woche – da hielt man es nämlich wie der Wirt des Gasthofes „Ole Liese", der in großen Lettern verkündet hatte: *In de Ole Liese geiht' nah de ole Wiese: de Wirt, de süppt dat Beste – Prost, mien lewen Gäste.*

„Dat rüükt hier nah Menschen", sää de Düwel, as he an 't Schiethuus keem.

geel

„Du ole Heen, du wullt doch woll nich dat gele Kleed köpen?" Unter normalen Umständen läge es außerhalb Manfreds Vorstellung, seine Jutti eine alte Henne zu schelten, und eigentlich hat er auch nichts gegen die Farbe Gelb einzuwenden. Aber das gelbe Kleid ist nun einmal das weitaus teuerste. Und in solchen Fällen ist Manfred jedes Mittel recht: *„Geel is de Farf von de Falschheit."* Doch fällt es ihm heute ausgesprochen schwer, seine bessere Hälfte überzeugend zu beeinflussen, denn mit dem beredten Verkäufer ist ihm ein ernstzunehmender Widerpart erwachsen. Sätze wie „Canari-Gelb, gnädige Frau, das ist exakt die Nuance, die Ihren Teint stützt und Ihren sportiven Typ erst richtig zur Geltung bringt" tragen nicht unwesentlich zu Juttis Meinungsbildung bei. Manfred wagt lediglich noch einzuwerfen: *„De Kerl, de snackt doch bloots geel"*, womit er auf die gestelzte Art der hochdeutschen Redeweise anspielt.

geel

Geel snacken, wörtlich „gelb sprechen", bezeichnet alles, was nicht richtig plattdeutsch ist, also Hochdeutsch und auch alle Mischformen. So kann man etwa auch sagen: „*He snackt geel mit gröne Pricken.*" Damit ist jemand gemeint, der Hochdeutsch mit plattdeutschen Ausdrücken vermengt. In anschaulicher Weise kennt das Plattdeutsche die Farbe Gelb als Teil der Bezeichnung von verschiedenen Pflanzen und Tieren, so *geel Vijolen* für „Goldlack" und *geel Gölling* für die „Sumpfdotterblume" sowie *geel Meesch* für die „Kohlmeise" und *Geelgöschen* für „Goldammer".

Doch zurück zu unserem Einkaufsbummel. Wie Sie sicherlich schon vermutet haben, mußte Manfred sich zum Griff in die Brieftasche durchringen. Eine Lehre aber hat er aus der Begegnung mit dem Verkäufer gezogen: Zum Einkauf wird er nicht wieder in die Stadt fahren. Er wird mit seiner Jutti im Dorf bleiben, denn für ihn gilt: „*Gele Snack is nich mien Saak, hooch leef mien plattdüütsch Moderspraak!*" Um der Wahrheit zu ihrem Recht zu verhelfen, sei hier jedoch angemerkt, daß Manfreds niederdeutsche Muttersprache in seiner Wertschätzung erst auf Platz zwei rangiert. Den ersten nimmt immer noch sein Vater Hermann und dessen nie versiegender Quell an *gelem Kööm* ein. Wohl bekomm's.

gluupsch

"Paß op, dat kummt so gluupsch!" – Zu spät: Schon ergießt sich der Kaffee über Tisch und Morgenmantel. Aber Jürgen, seines Zeichens Busfahrer im öffentlich-rechtlichen Nahverkehr, ist nicht nur beim Kaffee-Einschenken ungestüm, er neigt auch sonst zu *gluupschen* Verhaltensformen. Und so kann denn auch die von ihm angebetete Conny sich seiner bisweilen kaum erwehren: *"Nu man nich so gluupsch"*, redet sie ihm zu. Ansonsten aber sind sie ein Herz und eine Seele: *"Dat is 'n gluupsche Leef mit de beiden."* Doch wie leicht läßt sich das Auge täuschen. In Jürgens Innerstem sieht es nämlich ein wenig anders aus. Hier nagt die Eifersucht: *"Hett se woll wedder nah 'n annern gluupt?"* Völlig grundlos ist diese Regung zugegebenermaßen nicht, denn so manch ein Mann hätte von der attraktiven Conny gern einen *Gluup* erhalten.

Gluup und das Tätigkeitswort *glupen* stehen im Plattdeutschen für bestimmte Arten des Kuckens:

gluupsch

Neben dem flüchtigen Blick bezeichnen sie besonders ein finster-verstohlenes Dreinschauen und nicht zuletzt das starre Glotzen. *Gluupogen* sagt man entsprechend für besonders weit geöffnete Augen. Hierfür ist bisweilen auch *Gluupschogen* zu hören, und das, obwohl *glupen* von der Bedeutung her nur sehr wenig zu tun hat mit *gluupsch*. Dieses Wort heißt meistens ‚plump', daneben aber auch ‚tückisch', ‚stark' oder ‚hastig'. Und eben diese Eigenschaft Jürgens, der ganz in seinem Job aufgeht, bereitet der schönen Conny, besonders seitdem er die Abendschicht fährt, einigen Kummer: *„He is jümmer so gluupsch bi de Arbeit, achteran, denn kann he nich mehr."* Doch keine Angst – für Versöhnung ist rasch gesorgt. Connys Herz öffnet sich wieder, allein wenn sie an den ersten Liebesbrief zurückdenkt, in dem Jürgen feurig bekannte: „Meine liebe Conny, du weißt doch, ich liebe dir soo *gluupsch!*"

„Dat sünd Leidenschaften", sää Ulenspegel, dor lepen em de Schaap weg.

gniedeln

„*Jung, laat doch dat verdreihte Gniedeln nah!*" Vater Carls Nerven sind arg strapaziert. Und da ist es wenig verwunderlich, daß er zu einem unfreundlichen Ton greift, als sein Zehnjähriger Rüdiger zu allem Überfluß mit einem Stück Styropor an der Fensterscheibe reibt. Dieses *Gniedeln* erzeugt in der Tat höchst unangenehme Geräusche. Und Carl erscheint es, als habe sein Sohn es den ganzen Tag schon darauf angelegt, ihn zu reizen. Dabei fing alles so harmonisch an: Gemeinsam wollten sie für Rüdigers Schwester Tanja eine Puppenstube bauen. Doch Rüdiger zeichnete sich bei dieser Arbeit in erster Linie durch unsachgemäße Handhabung der Säge aus: „*Wat gniedelst du dor wedder op dat Holt rum, dat kann een jo nich mit ansehn*", das Herz des Heimwerkers blutete. Die Stimmung sank jedoch noch weiter, als Rüdiger, seine Schadenfreude kaum verhüllend, mit einem Lächeln um den Mund feststellte: „*De Schruuf, de hest du awer öwergniedelt, Papa.*"

gniedeln

Diese Schraube konnte das Haus jedenfalls nicht mehr zusammenhalten: Sie war übergedreht. Und auch der Schraubenschlitz machte schon einen bedenklich ausgefransten, einen *vergniedelten* Eindruck.

Das plattdeutsche Wort *gniedeln* oder *gniegeln* heißt ursprünglich nichts anderes als ‚reiben‘, besonders steht es aber für das unsachgemäße Handhaben von Werkzeugen oder Geräten. So kann man etwa mit einem stumpfen Messer Brot *afgniedeln*, und auch das Malträtieren einer Geige mit dem Bogen bezeichnet man als *Gniedeln*. Auf die ursprüngliche Bedeutung des Reibens, Glättens geht zurück, daß man sich auch das Genick *gniedeln*, also massieren lassen kann. Aber wie andere Wörter mit den Anlaut *gn-*, erwähnt seien etwa *gnaddern*, *gnarren*, *gnatzen*, *gnaustern*, *gniggern*, *gnirren*, *gnurren* und *gnusen*, wird *gniedeln* auch für ‚nörgeln‘ gebraucht.

Nörgelig-ungehalten ist mittlerweile auch Vater Carl. Jetzt allerdings bringt ihn das demonstrative Desinteresse seines Sprößlings auf. Denn dieser rührt seit fünf Minuten wahrlich nichts als den kleinen Finger: *„Wat dreiht sik dat wedder fein“, sää de Jung, dor harr he sik den Finger in de Nees afgniedelt.*

„Wat schall 't ok ewig hooln“, sää de Muurmann, dor full em de Wand wedder um.

Goos

„So 'n Goos is 'n leidigen Vagel. Een is 'n beten wenig to 'n Fröhstück, un twee verdarft den Appetit to 'n Middag." Ja, es ist schon ein besonderes Problem, das Bauer Gustav hier bewegt. Von seinen Feriengästen, die zum erstenmal ihren Urlaub auf einem Bauernhof verbringen, hatte bislang niemand auch nur mit dem Gedanken gespielt, zum Frühstück eine Gans zu verzehren, geschweige denn derer zwei. Entsprechend verblüfft schauen sie von ihren rustikalen Tellern auf – was Bauer Gustav allerdings als ein Zeichen von Einfalt deutet, und so denkt er bei sich: *„De kiekt as de Göös, wenn 't dunnert."* Es donnert aber nicht, sondern die Sonne strahlt einladend vom Himmel. Und nach dem opulenten Mahl ziehen Vater und Mutter Schöneich so mit ihrer Tochter Gabi erst einmal los, um das Gelände zu erkunden. Im Gänsemarsch, versteht sich, oder wie man im Plattdeutschen sagt: *een achter 'n annern, as de Göös.*

Goos

Goos

Goos – die Gans, *Göös* – die Gänse. Ein Vergleich dieser Wortpaare zeigt, daß dem Plattdeutschen hier ein „n" fehlt. Aber das ist durchaus kein Zufall, denn vor Buchstaben wie „s" und „t" ist das „n" im Plattdeutschen, wie übrigens auch im Englischen und Friesischen, häufig ausgefallen. So wie auch in fünf und *fief*, five oder fiiw. Ebenso kommen auch die *Gössel*, die kleinen Gänschen, ohne das „n" aus. Im *Ganter* dagegen, dem männlichen Vertreter der Gänsefamilie, ist es erhalten. Wie ihre hochdeutsche Verwandte muß die *Goos* übrigens ihren Namen für die *dumme Goos* als Schimpfwort für weibliche Personen hergeben.
Der kleinen Gabi bleibt am heutigen Tag ein solch hartes Urteil aus dem Munde ihres Vaters erspart – ob das an der Urlaubsstimmung liegt? Viel erlebt hat sie allemal, und so kriecht Gabi am Abend sehr früh *mank de Göös,* was natürlich nicht heißt, daß sie im Gänsestall nächtigen muß. Sie begibt sich vielmehr unter der auf dem Lande üblichen gänsefedergefüllten Bettdecke zur Ruhe. Doch bevor sie entschlummert, versucht sie sich noch an dem neu gelernten Gänseverschen: *„Ool gries Goos fritt Gras dör 'n Tuun, Gras fritt ool gries Goos dör 'n Tuun."* – Und nun Sie: *Ool gries Goos . . .*

„Dat kummt wedder", sää de Buur un geef sien Swien Speck.

Heben

"Kuckuck in 'n Heben, wann schööt wi Hochtied geben?" Als der Kuckuck auf diese Frage wider Erwarten vierzehnmal seinen Ruf erklingen ließ, waren Georg und Nele allzugern bereit, als Zählmaß nicht „Monate", sondern lediglich „Wochen" bis zum Hochzeitstermin anzuerkennen. *Dat is noch wiet in 'n Heben*, in ferner Zukunft also. Den beiden Turteltauben wird die Zeit allerdings wie im Fluge vergehen. Wissen doch alle, die den Weg zum Traualtar bereits beschritten haben: *In de Tiet, dor is keen Heben baben,* da herrscht grenzenlose Freude. Georg und Nele befinden sich – wie man auch im Hochdeutschen zu sagen pflegt – im Siebenten Himmel.

Es gibt übrigens auch viele Plattdeutsche, die nicht *Heben,* sondern *Himmel* sagen. Und es ist müßig, darüber zu streiten, ob das eine Wort eher die religiöse Himmelsvorstellung wiedergibt und das andere das sichtbare Himmelsgewölbe meint – etwa wie beim Unterschied zwischen „sky" und "heaven" im Englischen. Festzuhalten ist jedoch, daß niederdeutsche Schriftsteller in beiden Fällen das Wort *Heben* bevorzugen. Und sei es vielleicht auch nur, um sich damit vom Hochdeutschen abzuheben.

Aber kommen wir auf unsere Brautleute zurück: *Dor is för sorgt, dat de Bööm nich in 'n Heben wasst.* Die Bäume werden nicht in den Himmel wachsen, solange Neles Vater noch ein gewichtiges Wörtchen auf die Waagschale zu werfen hat. Denn als seine geliebte Tochter ihre rosigen Pläne für die Zukunft ausbreitet, ist seine Reaktion eindeutig: *He fluucht, dat sik de Heben ut'nanner deit.* Auf den vermeintlichen Hochmut und Stolz des Auserwählten anspielend, donnert er: „*Disse Kerl, de, de driggt doch de Snuut in 'n Heben, dat is so 'n rechten Hebenkieker.*" Sicherlich möchten Sie jetzt erfahren, ob es Nele und Georg trotzdem gelingt, zueinander zu kommen, oder ob sie das Schicksal der berühmten Königskinder teilen müssen. Tja, Sie wissen doch: Das Spiel ist offen: *De een kummt in 'n Heben, de anner dorneben.*

„Dat kummt, dat kummt!" sää de Bruut von Bordelum, dor harr se dree Daag ünner 'n doden Kerl legen.

heel

"Wenn ik ganz heel groot bün, denn kriggst du dat allens wedder!" Wenn er also ganz, ganz groß ist, dann wird Willy es dem Andy heimzahlen. Und das, obwohl er ihn bis vor einer Stunde noch seinen besten Freund nannte. Die beiden gingen durch dick und dünn, so daß die Klassenkameraden geneigt waren zu sagen: *"De hebbt dat heel hitt mit'nanner."* Doch wie das Schicksal so spielt: Ein weibliches Wesen war in das Leben der beiden Elfjährigen getreten. Maike, zugegeben eine *heel smucke Deern,* wußte zwar nichts von ihrem Glück, doch sie allein war der Anlaß für die frisch aufgebrochene Rivalität. Im Nu hatte sie gemeinsame Interessen wie Eisenbahnen, Kaninchen und BMX-Räder in den Schatten gestellt.

Das plattdeutsche Wort *heel* umfaßt ein weites Feld von Bedeutungen, die sich nur zum Teil im hochdeutschen „heil" wiederfinden. Ebenso wie dort heißt es ‚unverletzt', ‚genesen', ‚gesund' und ‚ganz' im Gegensatz zu ‚entzwei'. Darüber hinaus

heel

wird es im Niederdeutschen für ‚völlig‘, ‚vollständig‘ verwendet, und nicht zuletzt benutzt man es als Verstärkungsform. Besonderer Beliebtheit erfreuen sich die sogenannten Zweispänner, wie *heel un deel*, *heel un all* und *heel tomal*, die allesamt für ‚ganz und gar‘, ‚gänzlich‘ stehen.

Gänzlich entrüstet, *heel in de Brass*, ist übrigens auch Willys Mutter, als sie ihren Filius mit geschwollenen Lippen und Veilchen an den Augen in sein Zimmer schleichen sieht. „*De Jung, de is sien Vadder, heel un ganz.*" Er schlägt also nach seinem Vater, von dem zwanzig Jahre zuvor behauptet wurde: „*De kann op hele Huut nich slapen.*" Auch der konnte sich also kaum einen Abend ohne einschlägige Schrammen und Beulen zur Ruhe legen. Diese körperlichen Zeichen dafür, daß Willy Junior seine Minnepflicht ernst nimmt, beeindrucken seine Mutter allerdings nur am Rande. Ihr Augenmerk richtet sich vielmehr auf die Kleidung, denn die befindet sich in einem wahrlich wenig rühmlichen Zustand. Und resignierend stellt sie die Diagnose: „*Dat Tüüg is heel – bit op de Löcker.*"

„Lock is Lock", sää de Düwel un steek den Steert in 'n Teertunn.

högen

"Wat hebbt wi uns wedder höögt vonabend!" Die Erwartung des Ehepaares Ahrens an den heutigen Theaterabend war hundertprozentig erfüllt. Die *Speeldeel* der Brodersbüller Feuerwehr hatte Premiere mit dem Stück *"De rechte Puschen"*, und amüsiert, also *höögt*, hat Helmut Ahrens sich in zweifacher Hinsicht. Zum einen war das Stück bereits angekündigt als *'n beten wat to 'n Högen*, zum anderen hatten aber auch die darstellerischen Leistungen – oder ehrlicher: Fehlleistungen – des leicht angegrauten jugendlichen Liebhabers Adi nicht unwesentlich zu seinem Behagen beigetragen. Über so viel Freude stellt Helmuts Frau Anke mit Befremden fest: *"Wat is 'n los? Du höögst di jo as 'n Stint, as 'n Spitzboof."* Dabei ist sein Vergnügen recht leicht zu erklären, denn ohne Kostüm und ungeschminkt ist Adi sein Vorgesetzter. Und – Hand aufs Herz – wem von uns würde es nicht eine stille Freude bereiten, wenn er in vorderster Reihe miterlebt, wie sein Chef ins Stottern gerät.

högen

Eine Prise Schadenfreude gehört also durchaus zum *Högen*. Die Grundlage ist jedoch immer der Spaß, das Amüsement. Trotzdem ist es schwer, die Bedeutung im Hochdeutschen präzise auszudrücken. Denn es handelt sich um eine Art Freude, die sich nach außen hin eher verhalten in verschmitzt-schmunzelnder Form zeigt. Das Hauptwort *de Höög* ist nur wenig gebräuchlich. Es beschreibt ein Fest, namentlich ein solches, bei dem die Gäste einen Schmaus erwarten dürfen.

Getafelt wird zwar nicht auf der Premierenfeier in Brodersbüll, dafür aber um so häufiger miteinander angestoßen. „*Dat is 'n Höög*", seggt de Söög. Um es drastisch auszudrücken: Man „läßt die Sau raus". Vor allem Anke Ahrens kommt dabei auf ihre Kosten. „*Ik höög mi 'n Knast*", so denkt sie bei sich, als sie Adi und Helmut nun bereits zum zehntenmal, diesmal brüderlich umarmt, einander zuprosten sieht: „*Ik seh di!*" – „*Dat höögt mi!*" – „*Ik suup di to!*" – „*Dat do!*" Und dann nach erfolgreicher Leerung: „*Ik heff di tosapen!*" – „*Dor hest genau den rechten drapen!*"

„So will ik 't hebben", sää de Düwel, dor slogen sik twee Papen.

kieken

„*Vör den nehm di in acht, de kann in 'n Düstern kieken.*" Ein Mensch, der im Dunkeln kucken kann, ist, zumal wenn es sich um den Vater der Angebeteten handelt, kein angenehmer Zeitgenosse. Doch frühzeitig von einem guten Freund gewarnt, nähert sich Bernd dem Fenster seiner Uschi mit äußerster Vorsicht: „*He kickt sik de Ogen ut 'n Kopp.*" Bernd hat im übrigen Erfahrung mit dieser Art der mitternächtlichen Annäherung, und übelwollende Zungen führen auch seinen leichten Augenfehler auf diese und ähnliche Aktivitäten zurück: „*He hett to scharp nah de Fruunslüüd keken.*" Er schielt ein wenig, *he kickt verdwass*.

Kieken ist zweifelsohne das richtige Wort für „sehen", doch wenn ein Plattdeutscher einen Satz wie „ich habe dich lange nicht gesehen" übersetzen soll, dann wird er allerhöchstens sagen: „*Kiek, di heff ik jo lang nich sehn.*" Einen Gegenstand oder eine Person *süht* man also, während man in

kieken

oder nach oder durch etwas – oder einfach nur so – *kickt*. Aber auch in Wortverbindungen erscheint *kieken* häufig: so in *Kiek-in-de-Köök* für den Topfkucker, *Kiek-in-de-Kann* für den Trunkenbold und *Kiek-in-'n-Busch* für den Jäger.

Und was macht unterdessen Bernd, unser Luftikus, *de Kiek-in-'n-Wind?* Leise den Gang entlang hat er alle Gefahren umschifft, begünstigt dadurch, das Uschis Familienvorstand, der Bernd schon lange *op 'n Kieker hett*, den Schlaf der Gerechten schläft: *De Ool kickt dör de Neeslöker.* Die wahren Schwierigkeiten entstehen allerdings erst, als er sich eigentlich schon am Ziel seiner Träume wähnt. Seine freundliche Aufforderung: *„Laat uns doch mal mit veer Ogen ut dat Bett kieken"* stößt nämlich auf wenig Gegenliebe. Denn Uschi hat schon längst ihre Wahl getroffen: *„Wat kickst mi an, ik heff all 'n Mann. Weerst ehrer kamen, harr 'k di ok nich nahmen."*

„Man nehme, so man habe", sää de Düwel, dor leeg he mit sien Grootmudder to Bett.

Klock

„Klock is Klock, wenn 't Middag is, eet wi." Mit dieser wenig präzisen Antwort ihres Vaters ist Regina kaum gedient. Ihre eigene Uhr, ihre *Klock* nämlich, hat den mittlerweile vierten Durchlauf durch die Waschmaschine nicht schadlos überstanden. Und pünktlich muß Regina schon sein, wenn sie ihren neuen Freund Jens wie vereinbart an der Bushaltestelle treffen will – meint sie. Ihr Vater aber, *de hett de Klocken noch nich lüden hört,* er weiß also von nichts. Noch immer wähnt er seine Tochter im Puppenspielalter, während Regina, Klassenschönste von vierzehn frischen Lenzen, ihre Zuneigung längst nicht mehr ihrer Puppe Paola zuwendet. Ihr Denken kreist einzig und allein um ihr Jens-Gespenst, wie sie ihren Boy liebevoll zu nennen pflegt. *„De weet, wat de Klock slagen hett"* – er ist also nach ihrer Einschätzung jemand, der weiß, wie der Hase läuft. Als in diesem Augenblick aber *de Klocken,* die Glocken, von der Nikolai-Kirche schon halb zwölf schla-

Klock

gen, da fängt doch ein erster Zweifel an, schmerzhaft an Reginas Herz zu nagen. Doch sie rettet sich in die Hoffnung, nicht Jens, sondern seine Uhr sei unzuverlässig: *"Viellicht bottert sien Klock jo ok man bloots."*

Klock, ein Wort, das im Plattdeutschen zum einen allgemein ,die Glocke' und davon abgeleitet auch den Stundenschlag bezeichnet, zum anderen aber als Zeitmeßinstrument auch die normale Benennung für Uhren jeder Art ist. Anders als etwa im Englischen „the clock", dessen Bedeutung weder die Armbanduhr noch die Kirchenglocke umfaßt.

Als übrigens die Glocken von St. Nikolai zwölfmal erklungen sind, steht Regina immer noch und harrt ihres Jens'. Ihre Geduld nämlich reicht wesentlich weiter als etwa nur *von Klock twölf bit Middag:* „*Klock een krieg ik 't in de Been, Klock twee heff ik 't in de Knee, Klock dree deit dat noch weh, Klock veer noch veel mehr, Klock fief krieg ik 't in 't Lief – un wenn dat bit Klock dörteihn duurt!*"

„Ji warr ik woll week kriegen", sää Ulenspegel, dor kaak he de Eier 'n halwe Stünn.

klönen

"Gah hen un klöön de Höhner wat vör." Silke kann es nun einmal nicht mehr mit anhören. Sicherlich: Der Lehrerberuf zählt gewißlich nicht zu den leichtesten. Daß aber Peter allabendlich *eenen utklönen* will, weil gerade er als Musikpädagoge sich von Kindern, Kollegen und Konrektor verkannt fühlt, das zehrt doch an ihren Nerven. *"He klöönt as 'n Mettwuss, de op beide Enden tosamenbunnen is."* Nach Silkes Ansicht redet Peter also ohne Unterlaß über Belanglosigkeiten. Gegen einen reellen *Klöönsnack*, etwa über Fragen der Kindererziehung oder -ernährung, hat Silke dagegen natürlich nichts einzuwenden. Stundenlang kann sie zu diesem Zwecke den *Klöönkasten*, den Fernsprecher, in Anspruch nehmen.

Klöönkasten, eine eher scherzhafte niederdeutsche Neubildung, die aber sehr wohl eine der wesentlichen Verwendungen des Telefons trifft: das gemütliche Plaudern, die Unterhaltung über unwichtige Dinge des täglichen Lebens, das

klönen

Schwatzen, Klatschen und Tratschen. Für ernsthafte Mitteilungen kennt das Plattdeutsche auch die Wörter *reden* und *spreken*. Beim *Snacken* und *Klönen* geht es dann zumeist schon recht gesellig zu. Es gibt allerdings eine zweite, weniger bekannte Bedeutung von *klönen*, nämlich das Klagen, so wie in der Wendung *klönen un stöhnen*. So behauptet etwa Silke von ihrem Gatten: *„He verdeent goot, man he klöönt jümmers"* – wie etliche andere Lehrer fühlt Peter sich also unterbezahlt.

Peter hat übrigens nicht den ihm vorgeschlagenen Weg zu den Hühnern gewählt, sondern er hält seine Nachbarn für ein besser geeignetes Publikum, wenn es darum geht, *sik eenen aftoklönen*. Diesmal allerdings *verklönt* sich der Schulmeister ein wenig in der Zeit: *„Nix geiht öwer 'n lütten Klöön"*, *sää de Buur, dor harr he dree Daag bi 'n Nawer seten.*

„Ik kann dor nich mit togang kamen", sää de Düwel, dor schull he beden.

Kööksch

"Een kann ok nich an allens denken", sää de Kööksch, *dor harr se vergeten, dat Middag to kaken.* Ein derartiges Mißgeschick trägt nicht gerade zur Ehre einer redlichen Köchin bei, doch im Falle der Minna Grubb wird wohl auch der gestrengste Hausherr Nachsicht üben müssen. Denn heute ist Donnerstag. Folglich war gestern Mittwoch – und, wie landläufig bekannt, *Kökschendag*. Und diesen freien Tag für das Küchenpersonal hat unsere Minna weidlich ausgenutzt. Gibt es da doch unter anderem angenehme Lustbarkeiten, die männlicherseits gern als *Kökschengriepen* bezeichnet, von Minna jedoch als Teil einer ernst gemeinten und längerfristigen Zukunftsplanung gesehen werden. Kurz und gut: Die Nacht war lang.

Das Wort *Kööksch* setzt sich aus zwei Bestandteilen zusammen: der Küche, *Köök*, und einem angehängten *-sch*. Diese Endung dient dazu, eine bestimmte Tätigkeit oder einen Wirkungsbereich

Kööksch

einer weiblichen Person zuzuschreiben. So ist eine *Huushöllersch* nichts anderes als eine Haushälterin. Und wo das Hochdeutsche sich immer noch des französischen Lehnwortes Souffleuse bedient, da hat sich in niederdeutschen Speeldeelkreisen die *Toseggersch* durchgesetzt. Auch für den eher zupackenden Beruf der Hebamme kennt das Plattdeutsche eine – zumeist scherzhaft verwendete – Bezeichnung mit -*sch:* Es ist die *Mudder Griepsch.*

An diese denkt Minna Grubb allerdings noch nicht im entferntesten. Appetit aufs Essen verspürt sie heute jedoch nicht. Zwar schützt sie vor, eine neue Diät auszuprobieren, doch ihr Arbeitgeber erklärt sich den geringen Hunger auf das ersatzweise angewärmte Schnellgericht anders: *„Dor is noch keen Kööksch bi 'n Füürherd verhungert, denn de Kööksch, de warrd von 't Pröben satt."* Und weil er Minnas säuerlich verzogene Miene nicht auf ihren Kater vom *Köökschendag* zurückführt, setzt er unbekümmert noch einen drauf: *„Wenn 't Fleesch all is, denn mutt de Kööksch op 'n Disch."*

„Dat dickste End kummt achter nah", sää Ulenspegel un steek dat ole Wief den Schüffelsteel in 'n Mors.

Kööm

„*Weetst du ok, wo Peter wahnt, Peter wahnt op 'n Böhn, un wenn he nix to leben hett, denn drinkt he 'n lütten Kööm.*" Damit ist die Mansardenwohnung des Studenten der Wirtschaftswissenschaften für dessen Köömpane als einschlägige Lokalität empfohlen. Seine schon leicht angegraute Wirtin, die das allnächtliche Treiben mit Sorgen verfolgt, ermahnt ihn zwar eines klaren Morgens in mütterlichem Tone: „*In Kööm versuupt mehr Menschen as in Water*", doch Peter, allzeit scherzbereit, wiegelt ab: „*Beer makt unklook, awer Kööm makt bloots besapen.*" Ganz so unversöhnlich allerdings, wie es im ersten Augenblick scheinen mag, ist sein Standpunkt im Hinblick auf die Wahl der spirituellen Getränke nicht. Denn wenn Peter sich als Mitglied der Kööm-Fraktion – in eingeweihten Kreisen heißt man ihn liebevoll den Köömunisten –, wenn Peter sich also mit überzeugten Biertrinkern trifft, dann ist er jederzeit zu Köömpromissen bereit: „*Kööm un Beer för mi!*"

Kööm

Kööm in der Form des *drögen*, des trocknen *Kööms,* bezeichnet Kümmel als Gewürz. Und auch der *natte,* der nasse *Kööm* als Spirituose leitet sich von Kümmel ab, da er in früheren Zeiten vornehmlich auf diesem Gewürz abgezogen wurde. Heute wird in vielen Gegenden Norddeutschlands *Kööm* als Bezeichnung für einen reinen Weizenkorn und weiter auch allgemein für einen Schnaps verwendet.

Schnaps gibt es zu Peters Leidwesen in der Mensa der Universität nicht, obgleich seine Devise doch lautet: *Von all de Melkspiesen is Kööm mien best.* Als er zum Zwecke der besseren Verdauung seinen Freund Reinhard aufsucht, muß er zu seinem Entsetzen hören: *„Ik bin af von Kööm un Tobak."* Ungläubig kopfschüttelnd kann Peter nur stammeln: *„Wat? – Student, un denn keen Kööm?!"* Reinhard aber hat für alles eine Erklärung, weiß er doch seit neuestem eine ständige Begleiterin an seiner Seite. Peter dagegen nimmt schon eher vorlieb mit dieser Unabhängigkeitserklärung:

> *„Köömbuddel is mien Broder,*
> *Branntwien is mien Bruut;*
> *wenn ik 's nich mehr lieden mag,*
> *suup ik 's beide ut."*

lütt

„*Jümmers op de Lütten geiht dat daal.*" Tja, kleine Menschen dienen eben vorzugsweise als Opfer von spöttischen Bemerkungen und Handgreiflichkeiten. Auch Bäckermeister Schütt mußte diese leidvolle Erfahrung schon des öfteren machen. Zwar ist er immer wieder bemüht, sein Selbstwertgefühl durch eine allgemeine Redensart zu stützen, indem er sagt: „*'n lütten Kerl is ok 'n Kerl, de meiste Arbeit is an de Eer*", doch seine Mitbürger in Lüttenbarg wissen, daß er gleichwohl nur allzu leicht gereizt reagiert: *Lütte Pütt kakt licht öwer.* Das letzte Mal kochte Bäckermeister Schütt über, als er vorgestern auf seiner Verkaufsfahrt mit den bestellten Brötchen vor verschlossener Tür stand. Fröhlich rief er: „*De lütt Bäcker mit de Rundstücken is dor.*" Doch postwendend kam es ebenso herzlich zurück: „*De sünd jo jümmer so lütt, smiet se man dör 't Slötellock.*"

Auf die Wiedergabe dessen, was sich daraufhin

lütt

aus dem Munde unseres Bäckers vernehmen ließ, möchten wir verzichten, um uns statt dessen das Wort *lütt* ein wenig genauer anzusehen. Es ist im Niederdeutschen die am weitesten verbreitete Bezeichnung für „klein", daneben gibt es allerdings Gegenden, in denen dafür *kleen* gebräuchlich ist. Aber auch die *Lütt*-Sager werden *kleenlich*, zumal wenn es um *Kleenigkeiten* geht. Ob Sie nun aber *dat lütte Kind* oder *dat lüttje Kind* sagen, bleibt Ihnen überlassen. Ebenso unentschieden ist die Frage, ob *de Lütt* oder *dat Lütt* die richtige Bezeichnung für einen Säugling ist.

Übrigens: *So bilütten*, allmählich, hat sich auch Bäckermeister Schütt wieder beruhigt. Wesentlichen Anteil daran hatte das, was man landläufig *Lütt un Lütt* nennt: ein Bier und ein Korn. Besonders angetan haben es Schütt dabei die *Lütten*, die Kurzen. Und was antwortet er, wenn der Wirt ihn fragt: *„Wullt du noch 'n Lütten?"* – *„Ah, 'n lütten Groten krieg ik ok noch ut."* Die Bäckersgattin hält dagegen nicht soviel von dieser Art der Problemspülung: *„So bilütten"*, *seggt Fru Schütten*, *„fangt mien Mann dat Supen an."*

„Wat de Aal dit Johr doch dünn sünd", sää de Düwel, dor harr he 'n Worm in de Hand.

luurn

He luurt op een, den he in 't Leben noch nich sehn hett. Er wartet auf jemanden, dem er sein Lebtag noch nicht begegnet ist. Wer das sein könnte? Die Lösung dieses Rätsels ist recht einfach: Es ist der Angler Ernst, dessen einziges Streben es ist, einen Fisch aus dem nassen Element aufs Trockne zu befördern. Doch da naht auch schon die Konkurrenz. „*Op di heff ik jüst noch luurt.*" Daß Ernst Augusts Auftreten nicht gerade begrüßt, ist leicht erklärlich: Zwischen beiden herrscht eine *lurige* Spannung, eine geladene Atmosphäre. Schließlich versteht sich Ernst als Sportsmann, während er August schlicht zum Kochtopfangler abqualifiziert. „*Den heff ik liekers all op de Luur.*" Ernst traut diesem Zeitgenossen einfach nicht, glaubt er doch, daß August ihm lediglich abschauen, *afluurn* will, mit welchen geheimen Mitteln er sein Köderfutter anreichert.

Das plattdeutsche *luurn* entspricht lautlich fast dem hochdeutschen „lauern", seine Bedeutungen

luurn

sind jedoch wesentlich weiter gesteckt. Sie reichen von ‚warten', ‚erwarten' über ‚lauschend horchen', ‚auf der Lauer liegen' bis hin zu ‚sich fortstehlen'. *De Luur* bezeichnet neben der Lauer, auf die man sich auch im Hochdeutschen zu legen pflegt, ebenso noch einen kurzen Schlaf, ein Nikkerchen: „*He leggt sik 'n beten op de Luur.*" Und das Wort *lurig* beschreibt eher negative Eigenschaften wie ‚unsicher', ‚lauernd', ‚mißtrauisch', beim Wetter aber auch so angenehme Zustände wie ‚lauwarm', ‚mild'.

Dies ist dann allerdings nicht die Witterung, in der Petrijünger üblicherweise ihr Heil suchen, und so war auch Ernst noch kein Erfolg beschieden. „*Dor kannst lang op luurn*", weissagt August von oben herab näselnd. Als Ernst ihn daraufhin mit zusammengekniffenen Lippen und zorngefalteter Stirn drohend *anluurt*, da wird er zum *Luurbüdel*, zum Zauderer, Leisetreter, und schluckt lieber trocken hinunter, was ihm eben noch auf der Zunge lag: „*Geduld is allens*", *sää de Buur un luurt, dat de Oss kalben schull.*

„*Ok goot*", sää de Buur, as he op de Luusjagd 'n Floh füng.

mank

He sitt dor as 'n Kreih mank de Ulen. Vielleicht war es doch kein besonders guter Einfall von Gisela, ihren Ulrich zum Tauffest ihrer neuen Nichte mitzubringen. Wollte sie doch eigentlich nur verhindern, daß sie – wie auf den vergangenen vier Familienfeiern – einem ihrer wenig geliebten Cousins als Tischdame zugewiesen würde. Nun aber saß ihr Freund buchstäblich wie eine Krähe unter den Eulen. In der Tat: Er fühlte sich wenig heimisch, und erst recht wurde er sich seiner Außenseiterrolle bewußt, als der frischgebackene Großvater in seiner launigen Festansprache betonte: „*'n beten een mank 't anner sünd wi doch all*", womit er darauf anspielte, daß eigentlich alle aus dem Dorf geladenen Gäste auf irgendeine Weise miteinander verwandt sind. Nur Onkel Otto, der wie üblich schon frühzeitig stark angeheitert war, bemühte sich, ihm den Zugang in die Gemeinschaft zu öffnen: „*Di, Ulli, di wööt wi mit mank nehmen.*"

mank

„Zwischen" ist die übliche Übersetzung für *mank*. Aber, so werden Sie sich fragen, es gibt doch auch im Plattdeutschen das Wort *twischen*, wo liegt da nun der Unterschied? Ganz einfach: *Twischen* wird nur dann gebraucht, wenn sich die Aussage auf zwei Personen oder Dinge bezieht. *Mank*, das, nebenbei bemerkt, mit dem hochdeutschen „Menge" verwandt ist, wird dagegen dann benutzt, wenn größere Zahlen und unzählbare Größen im Spiel sind. So kann man etwa *twischen twee Unkels* sitzen und sich *mank all de Verwandten* nicht wohl fühlen.

Ulrich übrigens mäkelt mittlerweile vernehmlich am Festessen herum. Zugegeben: Das Gemüse wurde nicht im Bio-Laden erstanden, doch der ebenso wein- wie harmonieselige Onkel Otto sucht ihn mit seiner langen Lebenserfahrung zu beruhigen: „*'n beten Schiet mank veel Eten makt nix.*" Die Gastgeberin allerdings fühlt sich in ihrer Hausfrauenehre verletzt und verweist Ulrich: „*Steek du di man nich mank mien Kraam.*" Und wer weiß, wen nun eigentlich Gisela meint, als sie leicht spöttelnd bemerkt: „*Mank uns mank is een mank, de nich mank uns mank hört.*"

„De Beste mutt in de Mitt", sää de Düwel un huukt sik twischen twee Pasters.

Mors

„*Jungedi, du hest awer ok keen sitten Mors.*" Nein, Helmut hat wahrlich kein Sitzfleisch. Wenn es gilt, die eindrucksvollste Reihenhausschaukel in seiner Heimatstadt zu errichten, dann duldet er keine ausgedehnten Pausen. So muß Gerd, der sich gleichwohl gerade mit einem vierten Stück Kuchen bedient, denn auch den Spott ertragen: „*De Wind weiht woll 'n Hupen Sand tohoop, awer keenen dicken Mors.*" Nicht auf die ausgeprägte Körperform, sondern auf die vermeintliche Kraftlosigkeit des Freundes zielt dagegen Gerds vollmundige Antwort ab: „*Swieg du man still, du hest doch öwerhaupt keenen Mors in de Büx.*" Nur um der Sache willen schluckt Helmut diesen Anwurf und drängt beharrlich auf Wiederaufnahme der Arbeit, denn er kennt Gerd nur zu genau: *Wat de mit de Hand opstellt, stött he mit 'n Mors wedder um.* Bis an seine Reizschwelle gerät Helmut jedoch, als Gerd sich zu allem Überfluß auch noch über seine glanzvolle Zeit als Blockhausbauer in

Kanada ausbreitet. Aus Gründen der Höflichkeit verschweigt Helmut allerdings, was er dabei denkt: *„He lüggt, dat em de Damp ut 'n Mors ruuttreckt."*

Mors ist nur eine von zahlreichen Möglichkeiten, im Plattdeutschen den Hintern, das Gesäß, zu benennen. *Oors, Nors,* aber auch *Gatt* oder *de Achterste* lassen sich als Beispiel anführen. Ihnen allen ist gemein, daß sie als nicht so anstößig empfunden werden wie ihre hochdeutschen Entsprechungen. Und so enthält denn auch der zweite Teil der Grußformel *Hummel, Hummel – Mors, Mors* keine Beleidigung, sondern ist Echo typisch hamburgischen Humors. Und vermutlich ist Ihnen auch schon aufgefallen, daß *Mors* die berühmten vier Buchstaben besitzt.

Um nun aber auf den Bau des imposanten Spielgeräts zurückzukommen: Diverse Werkzeuge wie Bohrer und Sägeblätter mußten ob der groben Behandlung ersetzt werden. Einziger, aber dafür trockener Kommentar von Gerd und Helmut: *„De sünd in 'n Mors."* Doch dieser Schwund stört unsere wackeren Heimwerker nun wirklich nicht, denn eines ist sicher: *„Du kannst di kanten un kehren, de Mors blifft jümmers achter."*

„Allens mit Verstand", sää Ulenspegel un puust dat Licht mit 'n Mors ut.

narrsch

"Wenn een söben Gören makt hett un is nich narrsch worden, denn warrd he ok nich mehr narrsch." Sieben Kinder sind im Haushalt von Albert Rust groß geworden, ohne daß sein Gemüt ernsthaft Schaden genommen hätte. Und ein derart gestandener Mann sollte beim Kauf eines Gebrauchtwagens aus dem Lot gebracht worden sein? Nicht ohne Stolz lenkt Albert das neuerworbene Gefährt genau vor die Pforte des Nachbarn Weise und entsteigt mit einem bewunderungsheischenden *"Na?"* – *"Narren sünd ok Menschen"*, ist die eher ernüchternde Erwiderung, und nach einem abschätzigen Blick auf das Vehikel folgt das vernichtende Urteil: *"Di hebbt's ja woll för 'n Narren hat."* Zugegeben, der Wagen gehört nicht unbedingt der neuesten Modellreihe an, leichte Mängel im Motor- und Auspuffbereich sind schwerlich zu überhören, und die Lackierung könnte man im wahrsten Sinne des Wortes als rostrot bezeichnen. *"Nützt ja nix. Is dor awer*

narrsch

narrsch veel Platz in", gibt Albert Rust eingedenk seiner vielköpfigen Familie die beredten Worte des Verkäufers wieder. *„Een Narr makt veel Narren"*, doppeldeutelt daraufhin nachdenklich Nachbar Weise.

Der plattdeutsche *Narr* ist in seiner *Narrschheit* also keineswegs zu vergleichen mit der ausgelassen-fröhlichen Närrischheit rheinisch-hessischer Frohnaturen und Jecken. Er ist vielmehr gekennzeichnet durch sein seltsam wunderliches Verhalten, das seine Zeitgenossen oft als Unzurechnungsfähigkeit und Verrücktheit werten: *„Kerl, bist woll narrsch, geihst mit 'n Regenschirm to Bett un smittst de Lamp mit 'n hölten Tüffel ut."*

Mittlerweile ist auch Albert Rust nicht mehr gar so sehr von den Vorzügen seines Fahrzeugs überzeugt. Doch als er noch einmal vorsichtig ansetzt: *„Ik dach –"*, da fällt ihm Weise ins Wort: *„Denken doot de Narren, de Kloken fraagt."* Und sich wieder seiner Gartenarbeit zuwendend, fügt er kopfschüttelnd hinzu: *„Dat is liekers all narrsch, dat in 'n Kopp keen Därm sünd un in de Knee keen Bregen."*

„Aller Anfang ist schwer", sää de Deef un stahl 'n Ambolt.

Nawer

"'n goden Nawer is beter as 'n Broder in de Fremd." Als Nachbar Fick diesen Ausspruch über den Jägerzaun hört, nickt er selbstgefällig, ohne zu erkennen, daß sein Nebenreihenhäusler Knortz damit vielleicht weniger eine Tatsache als einen Wunsch formulierte. Denn wenn es in seiner Macht stände, dann würde dieser baldmöglichst seinen Nachbarn, eben Fick, in die Fremde schikken und statt dessen seinen sonst wenig geliebten Bruder neben sich einquartieren. Und leidvoll murmelt er eine in Jahrhunderten gefestigte norddeutsche Weisheit in sich hinein: *"Man kann nich länger Freden hebben, as eens Nawer will."* Die strittigen Fragen liegen offen zutage. Stichworte werden hier genügen: Grenzverlauf, Zaungestaltung, Kinderlärm und nicht zuletzt: Frösche im Öko-Gartenteich. Ein ganzes Bündel solcher Erfahrungen führt Knortz schließlich auch zu der Erkenntnis, daß die Altvorderen der Plattdeutschen offenkundig nicht in Reiheneigenheimen

wohnten, schließlich hätten sie sich sonst kaum zu der Behauptung verstiegen: *Kööp Nawers Rind, frie Nawers Kind, denn weetst du, wat du hest.* Nicht einmal den Gebrauchtwagen würde er von seinem Anrainer erwerben, geschweige denn überhaupt jemals erwägen, dessen Tochter für die Ehelichung seines Sprößlings in Betracht zu ziehen. Wesentlich sympathischer erscheint ihm da schon die niederdeutsche Version des bekannten St.-Florian-Prinzips: *Füür, du schasst stahn, nah Nawers Huus nich wiedergahn.*

Der *Nawer,* wie der hochdeutsche Nachbar „der in der Nähe Wohnende", ist also nicht unbedingt auch der Nahe-Stehende. Und an die Stelle der in früheren Zeiten gebräuchlichen Sitte des *Nawererens* oder *Nawerns,* des nachbarschaftlichen Besuchens also, ist heute häufig der Fernsehkonsum in den eigenen vier Wänden getreten. Innerhalb der Familie übernimmt der Nachbar allerdings eine wichtige Rolle: Immer wenn Knortz ein Anliegen seiner Gattin abschlägig bescheiden will, dann befindet er: „*Fraag mien Nawer!*", oder wenn er besonders redselig ist: „*Fraag mien Nawer Fick, de kann jüst so goot legen as ik.*" Und Knortz trägt sich wahrlich mit gewichtigen Aufgaben, erstellt er doch just ein neues Nachbarschaftsstatut. Paragraph eins hat bereits die endgültige Fassung: *Erst kumm ik, denn kumm ik noch mol, un denn kummt mien Nawer noch lang nich.*

op

„*De Mensch is keen Stewel, wenn he op is, is he op.*" In Uphusen mag diese norddeutsche Weisheit auch heute noch ihre Gültigkeit besitzen. Andernorts allerdings, und dann eben nicht *op 'n Dörpen*, führt die Wegwerfmentalität dazu, daß Schuhwerk bereits bei geringsten Mängeln *op 'n Müll* kommt. Opa Julus hält es dagegen mit den althergebrachten Werten: „*Hier kummt nix weg, dat warrd allens opwohrt.*" Sein Lieblingsenkel Arne unterstützt ihn in dieser Haltung nach Kräften – kein Wunder, behaupten doch alle, selbst seine Mutter: „*He is de Opa op un daal.*" Ihr gemeinsames Freizeitvergnügen besteht nämlich darin, daß sie *dreemol op 'n Maand*, dreimal im Monat also, die Sperrmülllandschaft Uphusens nach verwertbaren Objekten durchforsten. Begeistert stellt Opa Julus immer wieder fest: „*Junge, dor kannst Saken finnen, dor is keen End op.*" Und Arne pflichtet ihm bei: „*Dor kannst op af, Opa.*" Eingelagert werden die Schätze – oder wie Mutter

op

Elsa abschätzig äußert: der Krempel – *op 'n Böhn*, auf dem ohnehin schon unsagbar vollgestopften Dachboden. Doch fürsorglich ermahnt Opa Julus die leidende Elsa: *"Reeg di man nich op, schoon dien swachet Hart."* Mutter aber wittert schon wieder Unrat: *"Jü hebbt wedder wat op 't Spoor, ik seh dat op joon Gesicht."*

Op zählt zu den sogenannten "kleinen Wörtern", die in vielerlei Redensarten und Sprüchen gebraucht werden. Seine Hauptbedeutungen sind "auf", "hinauf", "nach oben", und nur in wenigen Zusammensetzungen und Wendungen weicht es von seinen hochdeutschen Entsprechungen ab. Ob Sie nun aber *op* oder *up* sagen, das sei Ihnen selbst überlassen – *up* und *op* halten sich in etwa die Waage.

"So, nu lang mol de Waschmaschin rop." Doch – sie sind wieder fündig geworden. Und Opas Sammlung von frühen Vollautomatmodellen ist um ein Glanzstück reicher. Soll doch diese Kollektion dereinst als Wertanlage der Altersversorgung dienen, frisch nach dem Motto: *Et gah uns wohl op unse olen Daag*. Mutter Elsa glaubt jedoch nicht daran, daß sich für den Haufen Schrott jemals ein zahlungskräftiger Käufer finden wird. Doch Arne überzeugt sie schließlich mit einem Satz besonderer Geistesschärfe: *"Mudder, weetst doch: Wo de Strümp ophollt, fangt de Been an."*

pedden

Je duller man in 'n Dreck pedd, je dünner warrd he. Diese tiefgründige Erfahrung findet Torsteher Klaus Kieper mit fortschreitender Spielzeit immer nachhaltiger bestätigt. Wolkenbruchartige Regenfälle im Zusammenspiel mit einem furiosen Angriffswirbel der gegnerischen Elf lassen den von ihm gehüteten Strafraum von Cosmos Kolpad mittlerweile auch eher an einen Kartoffelacker denn an einen gepflegten englischen Rasen erinnern. Und auch die britischen Regeln des Fair play werden im wahrsten Sinne des Wortes *mit Fööt pedd*. Doch da: Zum wiederholten Mal sprintet die Nummer 9 von Dynamit Düsum völlig unbehelligt auf das von Kieper bewachte Gehäuse zu. „*Di will 'k pedden, dat di de Mors to 'n Hals ruutflüggt*", macht sich der Tormann in seiner bedrängten Lage Mut. Aber da kommt auch schon der Ball, und nun gibt es nur noch eins: *Pedd weg, dat Ei!* Und so rutscht allein die Nummer 9 ins Netz. Schiedsrichter Schwarz, stets auf Ballhöhe,

pedden

pedden

stelzt flugs heran und konstatiert an diesem Ausrutscher pedantisch: Fremdeinwirkung. Elfmeter oder nicht – das ist hier die Frage. Mit Schwarz zu diskutieren, lohnt nicht die Mühe, so arrogant und hochmütig, wie er ist: *Dat is een, de pedd as de Pogg in 'n Maandschien.* Deutlich Wirkung zeigt derweil die Nummer 9 aus Düsum, die sich gerade am linken Torpfosten hochgehangelt hat: *He geiht, as wenn he op Eier pedd.* Torwart Kieper allerdings sieht es ganz anders: Er bezichtigt den Mittelstürmer einer schauspielerischen Glanzleistung und wirft ihm zu: „*Pedd di man keen warme Semmeln in de Hacken.*"

Pedden oder *perren,* in manchen Gegenden auch *padden, parren* oder *pauen,* ist das gängige niederdeutsche Wort für ‚treten'. Mit ihm verwandt ist der hochdeutsche Pfad, der sich nur im Anlaut vom *Padd* unterscheidet. Die Regel ist eindeutig: Dem plattdeutschen *p* entspricht im Anlaut das hochdeutsche pf, so wie auch in *Peerd* und Pferd oder *Pand* und Pfand.

Der Mann in Schwarz läßt übrigens keinen Zweifel aufkommen: Er entscheidet unverzüglich auf Elfmeter. Die Nummer 9 führt selbst aus, ist aber wohl doch noch angeschlagen. *He pedd öwer 'n Tohn* – und verschießt. Eines aber ist ihm sicher: der Spott des befreiten Klaus Kieper, denn Bangemachen gilt nicht: „*Wohr di weg*", *sää de Hahn to 'n Hingst,* „*oder ik pedd di.*"

Pogg

"Dat flutscht", sää de Düwel, dor scheer he den Pogg de Hoor. Doch, es scheint dem gestandenen Frisörmeister Fritz Meier Freude zu bereiten, Martins Lockenpracht erheblich einzukürzen. Und in der Tat: Es sieht so aus, als seien schon Jahre ins Land gegangen, seit dieser das letzte Mal seinen Schopf unters Messer gehalten hat. *"Dat weer woll 1801, as de Poggen noch Prüken drogen"*, so scherzt Meister Meier über Martins Mähne und amüsiert sich selbst sichtlich am meisten über das Bild von den perückentragenden Fröschen. Martin jedoch fühlt sich eher unwohl im Frisierstuhl, *he süht meist ut, as wenn he 'n Pogg daalsluukt hett.* Ja, nur schwer kann er sich von der Zierde seines Hauptes trennen. Allein: Auch die Herrenmode fordert ihren Tribut. Nun sitzt er im Salon Meier, *koolt as 'n Pogg,* leicht ängstlich fröstelnd, und harrt der Dinge, die da kommen mögen.

Pogg ist die in zahlreichen niederdeutschen

Pogg

Mundarten übliche Bezeichnung für den Frosch. Dabei zeigt sich eine Vielzahl von Lautformen: *Pock, Pack, Puck, Pook, Pauk, Poch* und *Puch*. Daneben kennt man für den Frosch oder die Kröte eine ganze Reihe von Bezeichnungen, von denen einige das Quaken der Frösche nachahmen: *Üütz, Poggüütz, Pappalagüütz, Puggitz, Quaddütz, Quaddux, Duuts, Tuuts, Peits, Marks, Prückel* und viele andere mehr.

Als zünftiger Figaro unterhält derweil Meister Meier seinen Kunden mit belanglosen Plaudereien und Prophezeiungen zum Wetter: „*Dat regent so veel, dat de Poggen versuupt – un de Regeerung deit mol wedder nix dorgegen.*" Doch auch dieser flotte Spruch kann über den einen oder anderen zackigen Verschnitt nicht hinwegtäuschen, und so ist denn auch Martins vernichtendes Urteil schnell gefällt: „*De versteiht so veel von 't Hoorsnieden as 'n Pogg von 't Klavierspelen.*" Und als Martin das ganze Ausmaß des Unglücks bewußt wird, da fühlt er sich für einen kurzen Moment völlig hilflos: *He sitt dor as 'n Pogg op 't Glatties.* Nachdem er sich aber vom ersten Schock erholt hat, verläßt er, das Entgelt nur rasch auf die Kasse werfend, fluchtartig die Stätte des Grauens. Draußen fällt sein Blick noch einmal auf den prahlerischen Schriftzug „Hairstylist", und zynisch zischt er: „*De is dor ok schuld an, dat de Poggen keen Hoor hebbt.*"

pulen

Puulkantüffeln mit solten Heern, dat is wat för Knecht un Deern. Schenkt man den Speisekarten in einschlägigen Restaurants Norddeutschlands Glauben, so schätzt die Küstenküche gerade *Puulkantüffeln*, eben Pellkartoffeln, als besondere Delikatesse. So auch im „Alten Deichgrafen", wo heute allerdings eine andere Spezialität den Puls höher schlagen läßt. Die Augen der Welt sind gerichtet auf die 7. Krabbenpuliade, einen internationalen Wettbewerb, bei dem mehr als 124 Pulerinnen aus fünf verschiedenen Nordseeanrainerstaaten ihre Fingerfertigkeit vergleichen wollen. *Wees nich fuul, puul, puul, puul* – unter diesem weihevollen Motto soll in wenigen Augenblicken der Wettbewerb eröffnet werden. Noch ist Organisator Gernot Grabbe allerdings damit beschäftigt, den Starterinnen das Regelwerk *ut'neen to pulen*, es ihnen zu erläutern. Zusammenfassend gelangt er dabei zu dem Schluß: „*Dat warrd 'n bösen Puulkraam*", denn üblicherweise werden

pulen

Krabben in Heimarbeit im Akkord entschalt und nicht in aller Öffentlichkeit vor den Augen gestrenger Juroren.

Pulen – ein Wort, das auch in der norddeutschen Umgangssprache weit verbreitet ist, etwa für das Abpulen von Geflügelknochen oder Fischgräten. Seine Grundbedeutungen sind ‚klauben‘, ‚zupfen‘, ‚zerren‘, ‚abreißen‘, ‚ablösen‘. Und Erbsen, die im Hochdeutschen gepalt werden, *pult* man im Plattdeutschen, wenn man sie von den Hülsen befreit. Nicht selten ist anstelle von *pulen* auch das lautlich ähnliche Wort *puken* zu hören.

Das Krabbenwettpulen ist übrigens noch immer nicht gestartet worden, weil Gernot Grabbe mittlerweile die mangelnde Qualität des Krabbenrohmaterials moniert hat. „*De hett awer ok jümmer wat to pulen*", zu nörgeln nämlich, jedenfalls wird ihm das aus dem erwartungsfrohen Teilnehmerfeld vorgeworfen. Doch Gernot Grabbe läßt sich so leicht nichts unterjubeln, *nix bipulen*. Kurz angebunden kanzelt er den Anwurf ab: „*De anner Lüüd in de Nees puult, hett sülbst nix binnen.*"

„De Tall mutt dat doon", sää de Düwel, dor freet he Mücken.

Putt

In de lütten Pütt is dat meiste Gift. Zu der Erkenntnis, daß kleinwüchsige Menschen besonders reiz- und streitbar sind, ist Thomas Puttfarken nun endgültig gelangt – jetzt, da er sich seit drei Wochen wieder zu den Singles zählt. Und dabei hatten die Freunde doch über die Beziehung zwischen Thomas und Edith von Anfang an befunden: *„Dat is 'n ganz hitten Putt mit de beiden."* Wie aber das Leben so spielt: *Wenn de Putt to hitt warrd, brennt he an.* Und Gründe für die Trennung, Gründe gab es jedenfalls ohne Zahl. *„Du kummst awer ok nie to Putt!"* hatte Edith ihm fast täglich vorgeworfen, und was sie daneben besonders störte, war die kärgliche Ausstattung in Thomas' Hausstand: *„Dor is nich Pütt noch Pann in 't Huus."* Und vor drei Wochen, genauer gesagt: an einem Montag war's, da riß nun endgültig der Geduldsfaden. *„Dor hett se mi awer ornlich op 'n Putt sett"*, ja, Edith hat ihrem Thomas kräftig die Leviten gelesen, und dann – *denn güng se af* *mit Pütt un Pann.* Sie verließ also unter Mitnahme ihres gesamten Hab und Gutes die gemeinsame Bleibe. Ein letztes Mal noch raffte sich Thomas aus seiner Lethargie auf und warf ihr im Treppenhaus mit Entschiedenheit hinterher: „*Schraap du man dien egen Putt*", was soviel heißen sollte wie „fege vor deiner eigenen Tür". Soweit der Stand der Dinge.

Der *Putt* oder *Pott* ist die plattdeutsche Entsprechung für den hochdeutschen „Topf". Die Skala der Verwendungsmöglichkeiten reicht vom *Melkputt* über den *Kaakputt* bis hin zum *Pißputt*, dem Nachttopf. Die Formen „pottegal" und „potthäßlich" haben sich übrigens auch im Hochdeutschen ihren niederdeutschen Bestandteil erhalten.

Doch zurück zu Thomas, der immer noch eine Miene zeigt *as 'n Putt vull Müüs.* Auf der negativen Seite der Bilanz steht die Erfahrung mit der energischen Edith zu Buche, auf der positiven die Sicherheit: *Dor is keen Putt so scheef, dor find sik jümmers 'n Deckel,* und das gilt auch, wenn man den Namen Puttfarken führt. Allerdings empfiehlt es sich nicht, solche tiefsinnigen Überlegungen während des immer noch ungewohnten Geschirrspülens anzustellen: „*Harr 'k gor nich dacht, dat 'n Putt ut so veel enkelte Stücken makt is*", *sää de Mann, dor harr he em tweismeten.*

Quees / quesen

Arfgoot bringt keen Quesen in de Hannen. Ja, so ist es wohl. Wer seinen Teil von den Eltern ererbt und sich ins gemachte Nest setzt, der wird sich kaum je Blasen und Schwielen anarbeiten. Auch Eberhard Graf von Kesselstein wurde nicht an der Wiege gesungen, daß des süßen Nichtstuns dereinst ein Ende beschert sein könnte. Zum Frühaufstehen war der schöne Eberhard allerdings schon immer angehalten worden: *„Slaap di man keen' Quesen an 'n Mors."* Nur die Tradition der sprichwörtlichen Sparsamkeit derer von Kesselstein hat der Vater nicht an den Sohn weitervererbt: *De hett sik Quesen seten op sien Geldbüdel.* Denn kaum war der Erblasser zur letzten Ruhe in der Familiengruft gebettet, schon begann der unaufhaltsame Niedergang. Die Stationen sind schnell genannt: Las Vegas, Monte Carlo, Wiesbaden, Hittfeld.

Es wird deutlich: *De Quees* heißt im Niederdeutschen eine durch Quetschung entstandene

Quees / quesen

und mit Blut oder Wasser gefüllte Hautblase oder auch eine durch Druck verursachte Schwiele auf der Hand. Das Tätigkeitswort *quesen* allerdings weist in eine ganz andere Richtung: Es steht für ‚nörgeln', ‚mißmutig sein' und ‚dauernd tadeln'. Ein zu solchen Verhaltensweisen neigender Mensch wird etwa als *Queesbüdel*, *Queeskopp*, *Queesmors* und *Queesmichel* bezeichnet.

Quesig ist mittlerweile auch der flotte Eberhard, da er – nun das väterliche Gut vertan ist – bereits seit geraumer Zeit, volle zwei Tage schon, einem Erwerb nachgeht. Aber: *Unwennt Arbeit makt Quesen.* Und diese für ihn neue Kenntnis hält er nachgerade nicht für eine Bereicherung seines persönlichen Erfahrungsschatzes: *He quiekert, queest un stinkert den ganzen Dag.* Und nicht zuletzt die ebenso ungewohnte wie unstandesgemäße Tätigkeit läßt ihn zurückdenken an seine entfernte Base Erdmuthe Freifrau von Strohl, die ihm jahrelang mit ihren Liebesbekundungen zusetzte. Nun aber sieht er seine Rettung in der zwar bislang nicht erhörten, aber immer noch vermögenden Freifrau: *He snackt sik reinweg Quesen an de Tung.* Und als er ihre Zuneigung neu entfacht hat, da seufzt Eberhard angesichts seiner nun wieder gesicherten Zukunft befreit: „*Mien Hart, dat weer vull Quesen, man nu bün ik genesen.*"

raken

„Mit Kleenkraam geeft wi uns nich af", sää de Düwel, dor raak he dat Lüttgeld von 'n Disch. Diese ironische Bemerkung über den Teufel, der verächtlich das Kleingeld vom Tisch fegt, meint Hans-Martin wohl eher bitter. Denn daß seine ihm ehelich verbundene Anna-Sophie gerade mit weit ausholender Geste die von seiner Tante Erna ererbte Meißener Kaffeekanne vom Tisch *gerakt*, also gestoßen hat, das schmerzt ihn doch sehr – zumal er für ausgesprochen sparsam, mißgünstige Zungen behaupten auch: geizig, angesehen wird. Anna-Sophie allerdings hielt gerade dieses Service schon immer für das Produkt des überaus eigenwilligen Geschmacks einer verflossenen Generation: *„Dat sünd Saken, de köönt mi gar nich raken."* Geld aber ist nun einmal Hans-Martins einziger Lebensinhalt, und so nimmt es wenig wunder, daß ihn seine Tätigkeit als Croupier im Spielkasino völlig ausfüllt. *„Dor raakt he den ganzen Dag bloots dat Plastikgeld tohoop"*, so pflegt

raken

zumindest Anna-Sophie herablassend den Kern seiner allabendlichen Beschäftigung zu beschreiben.

Das Wort *raken* ist in dieser Form im Hochdeutschen nicht bekannt. Verwandt ist ihm allerdings der „Rechen", die insbesondere in Süd- und Mitteldeutschland übliche Bezeichnung für die Harke. *Raken* bezeichnet Bewegungen, die zumeist recht heftig ausgeführt werden. Übersetzen kann man es im passenden Zusammenhang vielleicht mit „scharren", „kratzen", „schüren", „raffen", „berühren", „treffen", „streifen", „erreichen".

Die Diskussion um Anna-Sophies kleines Mißgeschick währte übrigens mehrere Stunden. Ein Wort gab das andere, bis sie endlich den Vorschlag zur Güte ausbreitet: „*Wi wööt uns man nich mehr an'nanner raken, mien lütt Racker.*" Auch Hans-Martin, des müßigen Streites überdrüssig, steht der Sinn nach Ruhe, und so lautet sein Friedensangebot: „*Raak man dat Füür to, warrd Tiet to Bett.*" Was nützt auch ausgedehntes Lamentieren angesichts eines Scherbenhaufens? *Wat schasst maken, schittst in 't Bett, schittst in 't Laken, denn kannst raken un raken, un kannst nix bi maken – bloots Supp von kaken.*

„'n beten bito", sää de Amm, dor harr dat Kind op 'n Henkel scheten.

Rott / rotten

"Nu speel di man nich op as 'n Rott an de Keed." Vielleicht wollte Karl-Heinz mit diesem nur schwer verständlichen Vergleich "Ratte an der Kette" seiner Anke weniger weh tun als etwa mit "du eingebildetes Luder". Im Prinzip meinte er aber genau dieses. Und Kartenspielen, namentlich eine gepflegte Partie Doppelkopf, reizt ja bekanntermaßen zum Ausleben gestauter Aggressionen: *"Mit so een Blatt, dor kannst jo Rotten mit vergiften, bloots nich winnen"*, gibt Anke maulend zurück. In der Tat: Auftrumpfen kann sie mit ihrer Karte kaum. Auch wenn Karl-Heinz in diesem Spiel ihr *Macker,* ihr Partner, ist, der von sich behauptet, daß er *klook as 'n Rott,* also mit allen Wassern gewaschen ist, setzt sie kaum Hoffnung in seine Zuverlässigkeit: *"Op den kannst du di verlaten as op 'n dode Rott"* – was wohl heißen soll: gar nicht. Und auch der reichlich genossene Punsch fördert seine Konzentration nicht. Nun ja, Karl-Heinz ist schließlich aus Kiel gebürtig, und

wie heißt es doch so richtig: *Kieler Sprott – half verrott.*

De Rott bedeutet im Plattdeutschen zunächst einmal nichts anderes als die Ratte, während *verrotten* und *rotten* den Zerfall, die Fäulnis organischer Stoffe zum Ausdruck bringen. Im älteren Wortgebrauch kannte man darüber hinaus *Rott* auch für die Rotte, Schar, Haufe, Genossenschaft. Und als Nachsilbe begegnet uns *Rott* in mancherlei Orts- und Flurnamen Norddeutschlands in der Bedeutung ‚Rodung', so wie etwa in *Krusenrott, Dollrott* und *Langenrott.*

Wenn die Kartenverteilung Anke bislang auch keine Chance gab, sie also den ganzen Abend das Vernehmen hatte, *an 't rotte Tau to sitten*, sie nutzt doch ihre Möglichkeiten. *Un hest du all mol 'n dode Rott üm de Eck lopen sehn?* – das Unglaubliche, ja das Unmögliche wird wahr. Denn gezählt wird bekanntlich am Ende. Mit- oder auch Gegenspieler Karl-Heinz ist allerdings nicht allein angesichts der überraschenden Wende des Spiels blaß geworden. *He süht gresig rott ut.* Und auf die ungeduldige Frage „*Wo wullt du denn hin?*" benennt er mürrisch murmelnd seinen Zielort: „*Nah Rottmannshusen, dicht bi Pißmannswisch.*"

„Dat geiht hart op hart", sää Ulenspegel, dor scheet he op'n Steen.

Schapp

"Du büst Herr in 't Huus, lütt Mann, awers dat Schapp schall hier stahn." Ja, resolut kann sie sein, Kais bessere Hälfte Ellen, und gerade bei einem Umzug sind schnelle Entscheidungen gefragt. Dabei ist selbst von den besten Freunden nur bedingt tatkräftige Hilfe zu erwarten. Harm etwa erscheint in seinem Sonntagsstaat und nicht in zweckmäßiger Arbeitskleidung. *"De Kerl, de hett doch glatt sien Schapptüüch antrocken."* Als er dann umständlich seine frischgestärkten Manschetten aufkrempelt und auch noch angesichts der bestürzenden Unordnung abschätzig ausruft: *"Is hier Brüchmann sien Schapp umfullen?"*, da preßt Ellen wenig freundlich hervor: *"Dien Snacks, de smeckt all nah Schapp."* Sie empfindet seine Sprüche also weniger als spritzig denn als abgeschmackt und abgestanden. Harm hatte eigentlich eine größere Ansammlung von waschechten Profipackern und Spediteuren erwartet. Doch: *scheten in 'n Schapp*, nichts

Schapp

davon, er muß selbst zufassen. Bei soviel Geiz, Ellen spricht von Sparsamkeit, kann Harm nur mit dem Kopf schütteln: *„De hebbt so veel in 't Schapp – un denn keen Geld för 'n Umzugsfirma."*

Schapp, die niederdeutsche Entsprechung für den hochdeutschen Schrank, geht auf den gleichen Ursprung zurück wie „schöpfen". Das *Schapp* galt lange Zeit neben *Disch, Stohl* und *Bett* als wichtigstes Möbelstück im Hause; die Vielfalt seiner Zweckbestimmungen und seines Aussehens spiegeln die zahlreichen Zusammensetzungen: *Botter-, Geld-, Häng-, Klederschapp* und viele andere mehr. In übertragener Bedeutung steht *Schapp* auch für das Gefängnis: *„Se hebbt em inschappt."* Den Veränderungen im Haushalt entsprechend gibt es auch neuere Wörter mit *Schapp,* so etwa *Köhlschapp* für den Kühlschrank oder *Kiekschapp* scherzhaft für das Fernsehgerät.

Als es übrigens gilt, den schwergewichtigen Farbfernseher an die neue Wohnstätte zu transportieren, da sind mittlerweile genügend Helfer zur Stelle: *Dat is so vull as in Brüchmann sien Schapp.* Und als sich nach getaner Arbeit die helfenden Hände übermäßig lange am Umzugsbier festhalten, da steht Kai schon lange der Sinn nach seinem neuen Schrankbett: *„Ik will to Schapps",* empfiehlt er sich, nicht jedoch ohne zuvor noch einmal nach dem Wetter zu gucken: *„Keen Steerns to sehn", sää de Kerl, dor keek he in 't Schapp.*

Schiet

"Schaamst di nich, du schittst un schasst beden. Dien Vadder leest dat Evangelium, un du seggst ‚Puup'." Nein, richtig festliche Stimmung will noch nicht aufkommen. Und wo menschliche Bedürfnisse rühren, da duftet es eben nicht nur nach Pfefferkuchen und Tannengrün. Überhaupt: Von Ruhe ist an diesem hohen Tag noch nichts zu spüren. Hilde Knaack hat es *schietenhild*, der Pute die gewünschte Bräune angedeihen zu lassen, auch wenn ihre drei *Schietbüdels*, ihre kleinen Augensterne, für ihre angestrengte Geschäftigkeit wahrlich wenig Verständnis aufbringen: *De fraagt di den Schiet ut 'n Mors*. Und Vater Knaack hatte wochenlang getönt: *"Schiet op 'n Dannenboom!"* Doch schließlich hatte Hilde ein Machtwort gesprochen, denn sie weigerte sich zu glauben, daß bei ihm waldökologische Beweggründe gegen das weihnachtliche Dekorationsgrün sprachen: *"Du büst jo man so fuul, dat di de Schiet ut de Ogen wasst."* Nichts half mehr. Wie in den vorangegan-

Schiet

genen Jahren machte sich Klaus, wenn auch wider Willen, auf den Weg zum zentralen Weihnachtsbaum-Markt. Doch – *schiet di wat* – gähnende Leere empfing ihn. Nur ganz hinten in der Ecke lag noch ein verlassenes Etwas, das entfernt einem Tännchen ähnelte: „*Wat schall 't*", stellte Klaus lakonisch fest, „*mien Fru is Schiet, de Kinner sünd Schiet, ik bün Schiet un de Dannenboom is ok Schiet.*"

Mit einigem Recht kann man *Schiet* als ein Lieblingswort des Plattdeutschen bezeichnen. Es hat aber keineswegs den üblen Sinn des lautlich verwandten hochdeutschen Wortes, sondern ist geläufiger Ausdruck für ‚Schmutz', ‚Dreck', überhaupt für alle möglichen unangenehmen, auch unbedeutenden oder minderwertigen Dinge und negativen Empfindungen.

Den bei dem Tannen-Erwerb eingesparten Betrag hat sich Vater Knaack umgehend in flüssiger Form in einem Wirtshaus einverleibt. Nimmt es da wunder, daß er beim Baumauffußen Gesänge zu Gehör bringt, die nur entfernt an althergebrachte Weihnachtsweisen erinnern:

> „*Herr Schmidt, Herr Schmidt,*
> *de sitt in 't Schapp un schitt.*
> *Harr ik em nich rutereten,*
> *harr he mi dat Schapp vullscheten.*
> *Herr Schmidt . . .*"

snacken

Dat Snacken un dat beten Eten is dat beste von de Arbeit. Ja, viel mehr als Reden und Essen gibt es für die zwei einsamen Vogelwarte Wolfgang und Claus auf der Hallig Öde nun wirklich nicht zu tun – zumal im Winter. Gleichwohl werden die beiden nicht auf Dauer in ihrem Nordseeparadies verweilen. *„De Claus, de snackt di ut 't Bett ruut un leggt sik sülbst dorin"*, beklagt sich Wolfgang fast täglich. Claus' Geschwätzigkeit stört ihn empfindlich. Und eben die vorgegaukelte Ruhe hatte ihn vor gut acht Monaten auf das Eiland gezogen: *„Ik heff mi hier jo man bloots hersnakken laten."* Und schon seit längerer Zeit stören Wolfgang gewisse Haarprobleme seines Kollegen, insgeheim nennt er ihn deswegen „Schuppi". Aber auch dieser könnte sich eine umgänglichere andere Bevölkerungshälfte auf der Hallig vorstellen: *„De kriggt dat Muul doch bloots op, wenn he Snackwater kregen hett."* Er wird also nur dann redselig, wenn mit dem Postschiff die wöchentliche Rumration eingetroffen ist. Dabei ist für Claus eines klar: „*Een mutt mit de Menschen snacken, de Göös köönt dat nich.*" Die Gänse können es nicht, sie schnattern.

Snötern ist nebenbei bemerkt eine von vielen Möglichkeiten, im Plattdeutschen *snacken*, das für ‚reden', ‚sprechen' am häufigsten gebrauchte Wort, zu umschreiben. Andere sind *klönen, sabbeln, sludern, tünen.* Daneben gibt es aber auch die im Hochdeutschen bekannten Formen *spreken, reden, vertellen.* Insbesondere die Bedeutung ‚schwatzen' hat dabei zu einer Fülle von Zusammensetzungen mit *snack-* geführt, so wie *Snackfatt, Snacktasch, Snackbroder* oder *Snackbüdel* für den Schwätzer.

Wenn Claus übrigens gerade einmal wieder der *Snackerie* anheimgefallen ist, dann wird ihm bisweilen sogar die heißgeliebte Zigarre kalt: „*Dat is keen Snackzigarr, dat is 'n Smöökzigarr*", weist Wolfgang ihn zurecht, denn lieber noch erträgt er Tabakrauch, als daß er sich auf ein Gespräch einließe. Schließlich benötigt er gerade jetzt die ganze Kraft seiner Konzentration, ist er doch darin vertieft, die Bruterfolgsstatistik der Hallig Öde für das kommende Frühjahr zu errechnen. Die wissenschaftliche Präzision ist für Schuppi allerdings eher zweitrangig, schließlich hat ihn die Erfahrung gelehrt: *Do wat du wullt, de Lüüd snackt doch.*

töben

De nich töben kann, mutt nehmen, wat he kriegen kann, awers de töben kann, kriggt an 't End 'n gollen Mann. Belustigt sind eigentlich alle Kollegen davon, daß gerade die erst 22jährige Petra der Torschlußpanik zum Opfer gefallen ist. Grund genug, sie ständig im Büro damit zu necken: *„Du hest dat Töben woll nich lehrt."* Ja, Warten will gelernt sein. Das weiß auch die dienstälteste Sekretärin Inge, doch sie hat mittlerweile gelernt, Zeiten geringeren Arbeitsanfalls mit sinnvollen Tätigkeiten wie Schminken, Einkaufen und Telefonieren auszufüllen. Ihr jungdynamischer Chef, Herr Haiden, steht diesem Treiben allerdings weniger tolerant gegenüber. Erwischt er sie etwa mit noch feuchtem Lack an den Nägeln, dann heißt es: *„Tööf, di will 'k püstern."* Die Strafe folgt postwendend. Noch einmal muß sie das Portokassenbuch der letzten drei Jahre nachrechnen. Kein Wunder, daß sie ob solcher Schikane knirscht: *„Tööf, du kummst mi woll mol wedder."* Und ver-

töben

bissen arbeitet Inge sogar die Mittagspause hindurch. Denn Rübenmus à la Holstein kann sie nun wirklich nicht in die Kantine ziehen: *Kantüffeln un Röben, de doot nich töben.* Ja, Inge fürchtet die abführende Wirkung dieser rustikalen Kost.

Eine dem Wort *töben* vergleichbare Form gibt es im Hochdeutschen nicht. Ihm verwandt ist lediglich „zöfeln" in manchen oberdeutschen Mundarten. *Töben* entspricht in seiner Verwendung weitgehend dem hochdeutschen Wort „warten". In der Befehlsform dient es häufig als Einleitung einer Drohung: *Tööf, di will ik kriegen!*, andererseits gebraucht es der Sprechende für sich selbst als Besinnungsformel: *Tööf mol, wo weer dat noch . . .* Darüber hinaus kann *töben* jedoch auch ‚verweilen', ‚bleiben', ‚ausharren' bedeuten.

Petra etwa hat sich vorgenommen, auf dieser Arbeitsstelle nicht alt zu werden: „*Ne, dor tööf ik nich lang.*" Wenn es auch heißt: *Töben un hapen hollt Nees un Muul apen*, so steht für Petra doch fest, daß geduldiges Warten ihrer privaten wie beruflichen Karriere nicht unbedingt zuträglich ist. Inge allerdings hütet heute auch noch nach Feierabend das Büro und sucht verzweifelt nach dem Verbleib von vier 20-Pfennig-Briefmarken. Herr Haiden beobachtet währenddessen ihren Eifer mit klammheimlicher Freude, und leutselig tröstet er sie: „*Wenn 't noch lang duurt, denn tööft wi noch 'n beten.*"

Tüffel

"Nu kiek, sää Neumann, dor sloog he sien Fru mit 'n Tüffel." Mehr Überraschung als Stolz spricht aus diesen Worten von Stefan Herzog. Und für jemanden, der zum erstenmal den roten Grund des Tennisplatzes betreten hat, ist es schon beachtlich, wenn er drei Aufschläge in Folge als Asse serviert. Dabei erfüllt seine Ausstattung nicht einmal die niedrigsten Anforderungen an eine gepflegte Ausübung des weißen Sports. *"De Kerl, de kummt doch glatt in Tüffeln op 'n Platz"*, hatte der Platzwart entsetzt geäußert und ein Gesicht gezogen *as 'n afreten Tüffel,* wie ein verschlissener Pantoffel also. Stefan jedoch sucht ihn zu beruhigen und hält ihm vor: *"Speel di man nich op, du hest ok op Tüffeln nah School gahn."* Und die weißkarierten Erzeugnisse eines Sportartikelherstellers, der mit Spielern von Stefans Format wohl besser nicht in Verbindung gebracht werden möchte, hält dieser letztlich für ebenso standesgemäß wie seine rosa Puschen der Firma Panther.

Tüffel

Denn: *"Mi wasst dat Geld ok nich ünner de Tüffeln."*

Das niederdeutsche Wort *Tüffel*, gekürzt aus "Pantoffel", kann einen *Plüüsch-, Filz-, leddern* oder *holten Tüffel* bezeichnen. Daß insbesondere Holzschuhe bis in die jüngste Vergangenheit ein in Norddeutschland weit verbreitetes Schuhzeug waren, kann man an zahlreichen Wörtern ablesen: *Holtklinken, -laatschen, -pantinen, -pantüffeln, Slarpen, Hölschen, Hölten, Klorfen* und *Klutschen*. Daneben dient *Tüffel* zur Beschreibung eines langsamen, ungeschickten und einfältigen Menschen, und verstärkend nennt man einen solchen *tüffeligen* Vertreter auch gern *Tüffel 18*. Als drittes ist *Tüffeln* in manchen Gegenden der Ausdruck für ‚Kartoffeln'.

Im Kartoffelacker ist übrigens nun schon mehrfach der Rückhand-Return von Stefan Herzog gelandet. Doch als sein Gegner daraufhin vor Vergnügen mit Fäusten die rote Asche traktiert und ihm zuruft: *"Schiet di man nich in de Tüffeln"*, da rafft Stefan sich auf und will es ihm heimzahlen: *"Dat schuuf ik em wedder in de Tüffeln trüch."* Er bäumt sich bis zum Umfallen auf. Und wenn er am Schluß auch völlig geschafft ist, *he is so flau, he kann de Tüffeln nich mehr bören*, geschafft hat Stefan gegen alle Erwartung auch seinen Gegner: *"Wat Menschenhannen nich allens köönt, sää de Schoster, dor harr he 'n Poor Tüffeln fertig."*

twei

Kiek di so wat an: Mit Gewalt kann man 'n Vigelin an 'n Boom tweislagen. Kunden, die Punkt zwei Minuten vor sechs den Laden betreten, hat Schuster Sinkel besonders in sein Herz geschlossen, zumal wenn das reparaturbedürftige Schuhwerk den Eindruck äußerst unpfleglicher Behandlung erweckt. Nun ja, mit Gewalt bekommt man eben alles entzwei. Ewald Schnoor weiß jedoch um die wahre Ursache für den dauernswerten Zustand seiner Fußbekleidung. Schließlich ist er Briefträger, und das mit dem weitläufigsten Zustellbezirk im ganzen Amt. *„De tweisten Schoh hett jo woll jümmer noch de Schoster"*, rückt er zurecht und empfiehlt sich. Schuster Sinkel kann nun endlich Feierabend machen, und wegen dieses schmählichen Anschlags auf seine Handwerkerehre gönnt er sich erst einmal einen tiefen Schluck von dem allzeit griffbereiten Seelentröster. Wie das mundet: *dat löppt in as dünnen Dreck in tweie Schoh.*

Das niederdeutsche Wort *twei* ist, besonders in

twei

seiner längeren Form *entwei*, leicht mit dem hochdeutschen „entzwei" in Verbindung zu bringen. In zahlreichen Zusammensetzungen hat es die dem Hochdeutschen „zer-" entsprechende Vorsilbe *to-* ersetzt, so in *tweirieten* statt *torieten* für ‚zerreißen'. Heute allerdings ist dem Wort *twei* mit dem auch im Niederdeutschen geläufigen *kaputt* ein starker Konkurrent erwachsen.

In der Zwischenzeit hat übrigens Schustersfrau Hermine das Essen auf dem Tisch. Ewald jedoch will sein Abendbrot unbedingt vor dem Fernseher einnehmen. Und da passiert es: In seinem Ungestüm stolpert er über die Teppichkante... Eher belustigt als betroffen kommentiert er den Geschirrscherbenhaufen auf dem Boden: *„Ei is Ei, wenn 't fallt, is 't twei."* Hermine, durch den unheilkündenden Krach angelockt, gibt sich ernstlich erbost: *„De flausten Kerls breekt dat meiste Geschirr twei."* Und als Ewald sich völlig unversehrt aufrappelt, da stichelt sie weiter: *„Duun Lüüd un nüchtern Kälwer fallt sik nix twei."* Auf jeden Fall aber ist Ewald so angeschlagen, daß er nicht mehr imstande ist, wie vereinbart die Gartenpforte zu reparieren. Das allerdings rührt ihn wenig: *„Beter 'n tweie Poort as gor keen Tuun."*

„Beter wat as gor nix", sää de Düwel, dor suus he mit 'n Preester af.

Uul

Se will von mi nu nix mehr weten. Dor hett förwahr een Uul geseten. Bittere Zusammenfassung einer gescheiterten Zweierbeziehung. Allem Augenschein nach hatte sich zwischen Wolfgang und Lydia eine Eule, sozusagen als Unglücksengel, niedergelassen. Vielleicht liegt die Ursache für ihr Auseinanderleben aber auch in Wolfgangs Beruf begründet. Als Bäcker nämlich sollte er eigentlich früh aus den Federn finden. Doch sein Biorhythmus läßt dies einfach nicht zu: *Abends as de Ulen un morgens as de Fulen.* Auch wenn Wolfgang an seinem Arbeitsplatz nach einer Stunde Teigrollens endlich den Schlaf abgeworfen hat, steht ihm noch lange nicht der Sinn nach dem Bakken bundesdeutscher Einheitsbrötchen. Denn seine künstlerische Ader führt ihn in die unmittelbare Nachfolge seines großen Möllner Vorbildes, *he backt an leefsten den ganzen Dag nix as Ulen un Apen.* Wie ernüchternd dagegen der Empfang, wenn er nach verrichtetem Tagewerk Lydia fröh-

Uul

lich fragt, was es zu Essen gibt, und sie ihm borstig antwortet: „*Wat dat to Eten gifft? Ulen un gröne Seep!*"

De Uul – die Eule. Wie im Hochdeutschen dient dieser Vogel in zahlreichen Redensarten als Sinnbild für die Nacht. Damit verbunden ist der Gedanke des Künders von Unheil und Tod. Die plattdeutsche Bezeichnung *Uul* ist dabei nicht festgelegt auf die Eule im engeren Sinn, sondern sie gilt auch für alle Kauzarten und andere Nachtvögel. Vermutlich vom Aussehen des Vogels abgeleitet ist *Uul* in der Bedeutung ‚Handfeger': „*Wenn se 't man eerst wennt is*", *sää de Bäcker, dor uult he den Backaben mit de Katt ut.*

Und Lydia, jetzt von ihrem Bäcker getrennt, kann endlich ihr Leben leben. *Wat den eenen sien Uul, is den annern sien Nachtigall.* Was dem einen recht ist, ist dem anderen billig. Wolfgang dagegen sitzt nunmehr allein in seinen vereinsamten vier Wänden, und seine wenig geistreichen Gedanken bewegen sich im Kreis: „*Dor weer mol 'n Buur, de harr 'n Uul, de Uul, de seet in de een Eck, de Buur seet in de anner Eck, de Buur, de kickt de Uul an, de Uul, de kickt den Buurn an, un wenn ik nich wiederkamen kann, denn fang ik wedder von vörn an. Dor weer mol 'n Buur, de harr 'n Uul . . .*"

„**Op een schall't mi ni ankamen**", sää de Düwel un leggt de anner Hand ok in't Füür.

Water

"Dat is 'n swoor Stück Arbeit", sää de Mullwarp, dor schull he Waterpedden lehren. Ja, wenn es für einen Maulwurf schon schwierig ist, das Wassertreten zu lernen, wie schwer fällt es da Ferdinand von Wassersleben, einem altgedienten Prinzipialkonsulenten, sich von papierener Aktenführung auf die elektronische umzustellen?! *"Du schasst man den Kopp baben Water holen"*, hatte ihm schulterklopfend ein Kollege geraten – damals, vor drei Wochen, als der Computer in seinem Büro installiert wurde. Seither pendelt Ferdinand nur noch zwischen den städtischen Anlagen und seiner neuen Heimat, dem "Goldenen Anker". *"De hett sik woll mit Water un Seep vertöörnt"*, befindet da die Anker-Wirtin naserümpfend. Recht hat sie – ein wenig ungepflegt wirkt sein Erscheinungsbild dieser Tage. Und da inzwischen allein Grog zur Grundlage seiner Ernährung geworden ist, stellt sie angesichts seiner hohlen Wangen mit Besorgnis fest: *"Na jo, he leeft jo man*

ok bloots von Wind, Water un Wusthuut." Ferdinand selbst erkennt dieses Problem auch, doch er glaubt, schuld an seiner unzureichenden Ernährungslage sei allein das von der Wirtin gewählte Verhältnis von Wasser zu Rum im Grog: *„Verdori, de sünd di stark von Water!"*

Es erübrigt sich, darauf hinzuweisen, daß *Water* die Flüssigkeit Wasser bedeutet. Daneben wird im Plattdeutschen jedoch auch jede Art von stehendem und fließendem Gewässer als *Water* benannt. Vom Bach bis zum Strom, vom Teich bis zum Meer. Spezielle niederdeutsche Wörter für ‚Fluß' und ‚Strom' gibt es ursprünglich nicht.

Welche dieser beiden Bedeutungen die Wirtin des „Goldenen Ankers" meint, als sie dem völlig verstört ins Glas schauenden Ferdinand aufmuntert: *„Hang di man nich op, is noch noog Water to versupen"*, das kann er zur Zeit nicht ergründen. Ferdinands Gedanken kreisen um Computer und – natürlich – alkoholische Getränke: *„Wenn ik man goot Water heff, denn laat ik dat Beer stahn – un drink Wien."* Doch fast im gleichen Atemzuge schon widerspricht er sich selbst und ordert lautstark ein weiteres Glas jenes Rum-Heißgetränks. Und als ihm daraufhin wieder ein eher wäßrig dampfendes Etwas serviert wird, da hat Ferdinand von Wassersleben seinen Humor endlich zurückgefunden: *„De hunnert Johr Water drinkt, de warrd ok oolt."*

wohren

De sik nich wohrt, kriggt een an 'n Boort. Manfred Hökert hat für seinen Gemischtwarenhandel recht einfache Regeln der Menschenführung entwickelt: Wer sich nicht hütet... Auch Claudia, die einzige Auszubildende, hat dies schon des öfteren am eigenen Leib erfahren. Gleichwohl faßt sie sich heute ein Herz und geht ihren Lehrherren um die ihr tariflich zustehende Ausbildungsvergütungserhöhung an, denn schließlich ist das Jahr abgelaufen. *"Dat bün ik jo gor nich wohr worrn"*, stellt er überrascht fest, und väterlich gibt er vor, den neuen Betrag nur aus ihren Handlinien lesen zu können: *"Ik segg di wohr, de Katt hett Hoor. Ik segg di wat, dien Hand"* – und dabei spuckt er ihr auf die Finger – *"is natt."* Denn auch für die eigene Existenzsicherung kennt Herr Hökert ein Motto: *De wat wohrt, de hett wat.* Spare in der Zeit, dann hast du in der Not. Und unter diesen Bedingungen ist Claudia heilfroh, daß auch ihre Nicht-Herrenjahre in absehbarer Zeit der Vergangenheit ange-

wohren

hören werden: "*Wat 'n Glück, dat wohrt nu nich mehr lang.*"

Das niederdeutsche Wort *wohr* hat wahrlich viele Bedeutungen. Zum einen entspricht es dem hochdeutschen "wahr", "wirklich", "ungelogen", "auf etwas aufmerksam werden, achten". Hierzu gehört auch der Warnruf *Wohrschau!* Als Tätigkeitswort heißt *wohren* ‚währen', ‚dauern' sowie ‚aufbewahren', ‚sparen'. Und so ist ein *Wohrappel* eben auch ein Dauerapfel, der sich bis ins Frühjahr hinein lagern läßt. In *Huus wohren* oder *Kinner wohren* steckt die Bedeutung ‚hüten', ‚behüten'. Aber auch ‚sich hüten' kann durch *wohren* ausgedrückt werden: *Wohr di weg!* Und um die Verwirrung weiter zu erhöhen, gibt es auch ein völlig fremdes Wort, das im plattdeutschen *Woor* ausgesprochen wird: die Ware. Also kann auf die Frage *"is dat wohr?"* die scherzhafte Antwort kommen: "*Wenn 't Woor weer, denn kunnst dat verköpen.*"

Entsprechend pflegt Manfred Hökert zu reimen: "*Dat is wohr: de Woor liggt op de Koor. Un wenn de Koor umfallt, denn liggt de Koor op' de Woor. Und dat is wohr.*"

"Dat is nich allens Melk, wat von de Koh kummt", sää de Düwel, dor harr he in Kohschiet pedd.

Nachwort

Es muß niemanden überraschen: nun erscheinen die Wörterbücher, die Anleitungen, die Nachschlagewerke, die Übersichten zum Gebrauch des Niederdeutschen (und anderer Mundarten). Die letzten überregional gültigen Veröffentlichungen zu diesem Thema waren zum Beispiel das plattdeutsche Wörterbuch von Wolfgang Lindow (Bremen) aus dem Jahr 1984, das „kleine" plattdeutsche Wörterbuch von Renate Herrmann-Winter (Mecklenburg) aus dem Jahr 1985, „das große plattdeutsche Bilderbuch" von Konrad Reich und Günter und Johanna Hartes hochdeutsch-niederdeutsches Wörterbuch.

Zwar entstanden auch im 19. und 20. Jahrhundert große Wörterbücher; sie waren unter wissenschaftlichen Fragestellungen jeweils für ein Mundartgebiet (z. B. für Schleswig-Holstein der „Mensing", für Mecklenburg „Wossidlo-Teuchert") erarbeitet worden und konnten schon wegen ihres Preises nicht volkstümlich werden.

Nachwort

Darüber hinaus erwähnt werden müssen die zahlreichen Lokal- und Regionaldarstellungen mit ihrer Betonung des Eigenständigen, des Besonderen.

Nun aber, und auch mit diesem Buch, wird ein neuer Typ von Informationen über Mundart vermittelt. Und dieser neue Typ kommt nicht zufällig auf. Wenn aus einer Reihe von Veröffentlichungen hervorgeht, daß sich in der Mitte der sechziger Jahre das Hochdeutsche durchgesetzt hat, daß alle Bundesbürger die Standardsprache erlernt haben, wenn wir die Ächtung der Mundarten aus dieser Zeit beachten, so sind nun zwanzig Jahre vergangen, in denen der Abstand zu den Mundarten groß, das Interesse an ihnen aber größer geworden ist.

In dem vorliegenden Band wird sowohl der Urlauber, der Norddeutschland besucht, als auch der an seiner sprachlichen Heimat interessierte Laie einen unterhaltsamen und richtigen Zugang zu einer Reihe von Wörtern und Wendungen finden. Und hier ist es die gleiche Schwierigkeit, die wir auch mit den Fremdsprachen haben, die durch dieses Buch zum Teil behoben werden kann: Sprechen kann man eine Sprache erst dann, wenn man weiß, wie die typischen Wendungen dieser Sprache klingen, wie und wo die Wörter verwendet werden.

Daher betten die beiden Autoren ihren Wort-

Nachwort

und Sprichwortschatz in regelrechte kleine Geschichten ein, lassen die Situationen die Bedeutung des Wortes oder der Wendung erklären. Sie haben die Wendungen nicht erdacht, sondern sind durch ein umfangreiches Studium der einschlägigen Wörterbücher der norddeutschen Landschaft auf verwertbare Einträge gestoßen, die sie dann in die jeweilige Geschichte verpacken konnten. Insofern entbehrt das Buch auch für den kundigen Leser nicht der Exaktheit, nicht der Belegbarkeit des Vorkommens. Damit kann es wie ein Nachschlagewerk auch Unsicherheiten in der Auslegung von Wörtern beseitigen helfen, indem es die semantischen Felder der Verwendbarkeit überhaupt erst schafft. Zugleich gewährt es Einblicke in den Sprachgebrauch der Zeit, in der diese Belege hauptsächlich gesammelt wurden.

Bei aller Vergnüglichkeit der Darstellung wird die Gültigkeit der sprachlichen Wendungen nicht angetastet; es läßt sich immer ein Blick auf die Erschaffung der Wendung, auf die Schlüssigkeit des Geistesblitzes werfen. Hier ist vielleicht auch ein möglicher Nachteil der Sammlung zu erwähnen: natürlich wäre es für den Leser wichtig zu erfahren, aus welcher Landschaft, aus welcher Zeit der jeweilige Beleg stammt. In der Konzeption der Beiträge als Rundfunktext war aber dieser Weg nicht vorgegeben.

Die Zahl der Belege ist – gemessen an den

Nachwort

sprachwissenschaftlich und volkskundlich arbeitenden Wörterbüchern nicht groß; dennoch gibt dieses Buch eine Antwort auf die Frage der Vermittlung von tradiertem bzw. tradierungswürdigem Wissen. Indem es das übergroße Selbstbewußtsein vieler Bücher über die eigene Mundart vermeidet, indem es regional übergreifend sammelt, indem es mit Distanz die Sachverhalte klärt und unterhaltend ironische Seitenhiebe auf allzu feste Vorstellungen und Vorurteile über das Niederdeutsche austeilt, enthält es in erster Linie korrekte und unterhaltsame Informationen für ein am Plattdeutschen interessiertes Publikum.

Die Lektüre wird dadurch erleichtert, daß der hochdeutsche Kommentar eng und – soweit erforderlich – an den Beispielen übersetzt. Insofern kann dieses auch kein Buch zum Durchlesen sein; der stets erklärende Ansatz erschöpft sich trotz der Erzählvarianten. Es ist auch kein Buch zum Durcharbeiten, dazu sind die Belege zu undeutlich. Wer aber beim Blättern in der mit sinnausdeutenden Illustrationen von Wolfgang Christophersen unterhaltsam gestalteten Ausgabe auf diese oder jene Geschichte um einen Begriff stößt, der seine Neugier weckt, der kann sich darauf verlassen, daß ihm durch die dargestellte Situation das Wort und die Wendung verständlich gemacht werden.   *Dr. Willy Diercks*